高校廉洁文化教育的思考与探索

主编　赵海霞　蒲传新

编者　赵海霞　蒲传新　张记国

　　　郭　昭　张京京　王一宁

　　　林欢欢　肖　静　刘　艳

西北工业大学出版社

西　安

【内容简介】 本书以贯彻落实习近平新时代中国特色社会主义思想、党中央关于加强高校廉洁文化教育的各项要求为主线，以高校廉洁文化建设中的教育与实践为研究重点，结合近年来西北工业大学廉洁文化教育实际，汇集学校在廉洁文化教育建设中的实践与研究，分析当前高校在学生廉洁修身教育方面存在的不足，并提出新时代高校学生的廉洁要求，积极构建全方位的高校廉洁文化建设体系，为进一步推进高校廉洁文化建设提供借鉴。

本书适合高校管理者、教师及学生使用。

图书在版编目（CIP）数据

高校廉洁文化教育的思考与探索 / 赵海霞，蒲传新主编. —西安：西北工业大学出版社，2023.11
ISBN 978-7-5612-9010-1

Ⅰ.①高… Ⅱ.①赵… ②蒲… Ⅲ.①大学生-品德教育-研究-中国 Ⅳ.①G641.6

中国国家版本馆CIP数据核字（2023）第170817号

GAOXIAO LIANJIE WENHUA JIAOYU DE SIKAO YU TANSUO

高校廉洁文化教育的思考与探索

赵海霞　蒲传新　主编

责任编辑：隋秀娟		策划编辑：张　炜	
责任校对：陈松涛		装帧设计：李　飞	

出版发行　西北工业大学出版社
通信地址　西安市友谊西路 127 号　　　　邮编：710072
电　　话　(029) 88491757，88493844
网　　址　www.nwpup.com
印 刷 者　陕西向阳印务有限公司
开　　本　787 mm×1 092 mm　　　　　　1/16
印　　张　9.75
字　　数　174 千字
版　　次　2023 年 11 月第 1 版　　　　2023 年 11 月第 1 次印刷
书　　号　ISBN 978-7-5612-9010-1
定　　价　68.00 元

前　　言

2022年1月，第十九届中央纪律检查委员会第六次全体会议在部署2022年纪检监察工作时明确提出"加强廉洁文化建设"。2022年2月，中共中央办公厅印发的《关于加强新时代廉洁文化建设的意见》明确指出："要发挥廉洁教育基础作用……要弘扬崇廉拒腐社会风尚，运用新媒体新技术传播廉洁文化……拓展利用廉洁文化资源。"2022年10月16日，习近平总书记在党的二十大报告中指出："深化标本兼治，推进反腐败国家立法，加强新时代廉洁文化建设，教育引导广大党员、干部增强不想腐的自觉，清清白白做人、干干净净做事，使严厉惩治、规范权力、教育引导紧密结合、协调联动，不断取得更多制度性成果和更大治理效能。"这些都为新时代高校加强廉洁文化建设，弘扬廉洁精神，促进青年健康成长发展提供了根本遵循。

高校作为知识群体的汇聚之地，是推进廉政建设的重要阵地，也是文化创造和传播的重镇，承载着人才培养、科学研究、社会服务、文化传承创新的功能，肩负着为党育人、为国育才的光荣使命。加强高校廉洁文化建设，旨在通过开展教育、健全制度、规范言行、营造氛围，在师生员工中弘扬正气、抵制歪风，形成崇廉尚洁的文化自觉。加强对高校廉洁文化教育的研究，科学严谨地反映近年来高校学生廉洁修身教育状况、特征、存在的问题及解决路径，准确地理解和把握高校廉洁文化的内涵与主体，不仅是深入贯彻落实党的二十大精神的重要举措，而且是高校落实立德树人根本任务的内在要求，有利于加快高校廉洁文化建设，以廉洁文化引领学校的价值追求和治校理念，充分发挥高校在净化社会风气中的带动和辐射作用，对提高新时代高校廉洁文化教育的针对性、实效性，推动新时代廉洁文化建设深入开展具有重要意义。

　　西北工业大学坐落于陕西西安,是一所以发展航空、航天、航海等领域人才培养和科学研究为特色的多科性、研究型、开放式大学,是国家"双一流大学"建设高校(A类),隶属于工业和信息化部。建校以来,学校全面贯彻党的教育方针,秉承"公诚勇毅"校训,弘扬"三实一新"(基础扎实、工作踏实、作风朴实、开拓创新)校风,在扎根西部、献身国防的建设历程中,始终坚持立德树人、育领军人才,始终坚持科技创新、铸国之重器,始终坚持与时俱进、担时代大任,为党和国家事业发展做出了重要贡献,为武器装备研制、国防领域关键核心技术自主安全可控和西部建设提供了有力支撑,是连续两次被中共中央、国务院、中央军委联合授予"重大贡献奖"的唯一高校。西北工业大学党委认真贯彻落实《关于加强新时代廉洁文化建设的意见》和党的二十大精神,始终把廉洁文化建设作为一项基础性、长期性工作,先后出台《党风廉政宣传教育联席会议制度》《西北工业大学党风廉政宣传教育联席会议工作办法》《西北工业大学党风廉政宣传教育联席会议工作办法》《西北工业大学新任五六级领导人员廉政承诺办法》《新任党员领导干部廉政谈话实施办法》《西北工业大学党风廉政建设监督员管理办法》等,通过逐步建立健全规章制度,狠抓制度落实,做好制度宣贯;通过廉政建设活动与各基层党组织特色活动联动模式,丰富教育形式内容,强化教育实效,夯实不敢腐、不能腐、不想腐一体推进的思想根基,营造浓厚的崇廉尚廉氛围,涵养校园廉洁文化。

　　本书共包括六章。第一章从整体上论述了廉洁文化的含义、结构、功能及特征。第二章梳理了中国共产党廉洁文化的生成机理、基本表现及中国共产党廉洁文化建设的实践进路。第三章论述了高校廉洁文化的内涵、主体、特征与功能,以及新时代高校廉洁文化建设的意义。第四章对国内外高校廉洁教育整体情况进行比较,总结国内高校开展廉洁文化建设的启示及创新做法。第五章对独具特色的西北工业大学廉洁文化制度体系、廉政建设实践、廉洁文化教育实践及廉洁故事进行论述。第六章以大学生廉洁修身为主题,分析当前高校在学生廉洁修身教育方面存在的不足、影响高校学生廉洁修身教育的主要因素,并提出新时代高校学生的廉洁要求。

　　本书由西北工业大学纪委、马克思主义学院牵头组织校内从事思想政治教育教学和管理的一线教师、干部编撰。赵海霞、蒲传新任主编。张记国撰写第一章,郭昭撰写第二章,赵海霞撰写第三章和第六章,张京京撰写第四章,王一宁、蒲传新、林欢欢、肖静撰写第五章，刘艳负责资料整理工作。西北工业大学原党委副书记、纪委书记张海兰，西北工业大学马克思主义学院院长杨云霞及西北工业大学出版社多位工作人员为本书的出版做了大量工作，在此表示诚挚的谢意。

　　本书是一项探索性集体研究成果，汲取了众多研究者的建设性意见。

　　本书编写团队在本书的编写过程中做了创新性设计，付出了艰辛的努力，但是难免存在不足和缺憾。弘扬廉洁精神，加强高校廉洁文化建设是一项任重而道远的伟大工程，需要大家的共同关注和努力，我们将长期跟踪研究这一课题，并在今后的研究中广泛听取社会各界的意见和建议，努力为社会各界提供更加科学的成果。

编　者

2023年4月10日

目　　录

第一章　廉洁文化概述

廉洁文化自古有之，发源于中华优秀传统文化，在革命文化和社会主义先进文化中被赋予新的内涵。本章从廉洁、廉洁文化的基本含义开始，谈及廉洁文化所具备的物质、观念、行为、制度四种结构，以及政治、经济、社会、精神四种功能，最后概括了廉洁文化的六个特征，为读者建立对廉洁文化的初步印象奠定基础。

第一节　廉洁及廉洁文化释义

廉洁及廉洁文化有其独特的内涵，搞清楚"何为廉洁？""何为廉洁文化？"是对大学生进行廉洁文化教育的起点。廉洁文化作为一种优秀的思想道德文化、一种意识形态，其内涵必将随着社会的发展而不断丰富。

一、廉洁释义

在广义上，廉洁是指对于所有人而言，能够做到行为方正。在这里，廉洁不仅包括有公共权力的人，也包括没有公共权力的所有公民。在狭义上，廉洁是指对于有公共权力的人而言，能够做到不以权谋私。在这里，廉洁是指廉政，就是有公共权力的人不贪取不应得的钱财，不损公肥私，不贪污。廉洁一词最早见于屈原作品，《楚辞·招魂》言："朕幼清以廉洁兮，身服义而未沫。"意思是：我年幼时秉赋清廉的德行，献身于道义而不稍微减轻。王逸注释为"不受曰廉"，汉代王充

《论衡》中有"案古篡畔之臣，希清白廉洁之人"之句。廉洁一词，《辞海》中解释为"清廉，清白"，《辞源》中解释为"公正"。

不过，真正将廉洁文化普及并让其深入人心的，当首推周敦颐的千古名篇《爱莲说》。周敦颐在《爱莲说》中，以"莲"喻"廉"，将莲的"出淤泥而不染，濯清涟而不妖"作为为官、为人之廉洁追求，使廉洁文化开始以一种独立的文化形式为众人所知。在其哲学著作《通书》中，周敦颐提出立诚、养心、至公、务实、仁爱、礼法、刑治等关涉廉洁的思想命题，从哲学层面论证了廉洁文化的核心要旨及其实践方式。此外，周敦颐还从哲学层面进一步提出了从修身养性到身体力行，由内而外落实廉政治理的一整套廉洁思想理论体系。洁是洁白，也是指光明磊落的人生态度。进一步来说，廉洁就是说我们做人要有清清白白的行为、光明磊落的态度。

▶ 案例 1

续为南阳太守，当入郡界，乃羸服间行，侍童子一人，观历县邑，采问风谣，然后乃进。……时权豪之家多尚奢丽，续深疾之，常敝衣薄食，车马羸败。府丞尝献其生鱼，续受而悬于庭；丞后又进之，续乃出前所悬者以杜其意。

——[南朝宋]范晔：《后汉书》卷31《羊续传》，中华书局，1965年版，第1110页。

明代于谦十分欣赏羊续拒腐蚀永不沾的做法，特赋诗赞道："剩喜门庭无贺客，绝胜厨传有悬鱼。清风一枕南窗卧，闲阅床头几卷书。"

二、廉洁文化释义

（一）廉洁文化形成的背景

廉洁文化是一个抽象的概念集合体。关于廉洁文化的含义，学者们从不同的角度进行了阐述。有的学者从构成的角度对廉洁文化做出了阐释：廉洁文化是以廉洁为核心价值，关于廉洁的理念、习惯、思维方式、制度，以及与之相对应的生活方式、行为规范的总和。也有学者从廉洁文化产生的角度进行论述：廉洁文化是中华民族在廉政建设实践中形成的社会文化，也是廉政建设的文化基因。还有一种观点认为，廉洁文化是在一定的历史时期内形成的以奉公守法为基本规范、廉荣贪耻为价值观念、公平正义为社会导向的精神文化体系。

廉洁文化是以先进的廉洁理论为指导思想，以先进的廉洁思想为核心，在国家进行廉政建设时所形成的，体现理念、制度等一系列物质和精神总和的一种文化形式，是中国先进文化的重要组成部分，带有中国特色社会主义文化的浓厚色彩，是增强我国文化自信的重要一环，具有一定的导向性、激励性。

廉洁文化在中国的传统文化中源远流长，但我们党的廉洁文化与封建社会的廉洁是不同的。党的廉洁文化是指我们党在为人民服务的过程中不断实践形成的廉洁知识、廉洁作风、廉洁制度等，贯穿于中国共产党执政的方方面面。从党内廉洁文化建设层面来讲，中国共产党是廉洁文化建设的主体，党内成员则是廉洁文化建设的客体。中国共产党的廉洁文化建设是一个延续而非断裂的过程，自建党开始中国共产党就一直十分注重廉洁文化建设。在革命、建设、改革各个发展时期，为适应新阶段的发展需求，廉洁文化建设不断发展，对于党和国家的发展具有重大的引领导向作用。一方面，廉洁文化可以净化党员和干部的思想，从灵魂上保证党员和干部的纯洁性和廉洁性；另一方面，廉洁文化建设可以增强党组织的向心力与非凡的凝聚力，让党员团结一致，让人民充分信任，保证党的执政根基不动摇，从而为实现中华民族伟大复兴提供保障。

（二）廉洁文化的主要内涵

廉洁文化是廉洁理论和行为方式及其相互关系的总和，是关于廉洁的知识、理念、制度，以及与之相对应的生活方式、行为规范的总概括，是中华优秀传统文化、社会主义先进文化的重要组成部分，以全体社会成员共同认可的道德观念和行为方式为主要内容。

1. 廉洁文化是中华优秀传统文化的重要组成部分

廉洁文化是关于廉洁的知识、理念、制度和与之相适应的表现形式、行为方式的总概括。近年来，大学生是廉洁文化教育的主体，在其思想形态中形成廉洁观，是实现立德树人教育目标的题中应有之义，也是推动倡廉建设的基础性工程。当前，廉洁文化与大学生思想政治教育在结合的过程中还存在内容偏少、力度不强的问题，因此需进一步探究廉洁文化与大学生思想政治教育的契合点，加强廉洁文化对大学生的思想引导，进而提高思想政治教育的实效性。廉洁文化从社会层面来讲，是一种对公共利益的保护，对有公共权力的人，尤其是国家公职人员的自身操守有很高的要求；从个人层面来讲，廉洁是人生的道德追求，无论个人身处什么地位，都应该爱国诚信、为人廉洁、时刻自律。高校大学生是未来社会的主力军，理应接受廉洁文化教育，这是国家廉洁文化建设的基础，同时也是贯彻党中央创建廉洁文化校园的需要。以高校校园为基本单位，以高校教师为管理主体，以大学生为教育对象，以廉洁文化教育为思想指导，这便是高校廉洁文化教育的实践内涵。

▶ 案例2

嵇康在《卜疑集》中写道："内不愧心，外不负俗，交不为利，仕不谋禄，鉴乎古今，涤情荡欲，何忧于人间之委曲？"《楚辞·卜居》云："宁廉洁正直以自清乎。"意思是：廉洁正直，使自己保持清白。东汉著名学者王逸在《楚辞·章句》中注释说："不受曰廉，不污曰洁。"也就是说，不接受他人馈赠的钱财礼物，不让自己清白的人品受到玷污就是廉洁。

2. 廉洁文化是一种思想道德文化

廉洁作为一种思想道德理念，向人们提出了一种"应然"的要求，这种要求让人们从思想道德上去自我达到、自我约束，它充分体现在严于律己、廉洁自律等方面。廉洁文化作为一种道德修养和价值观，始终引导人们的价值取向，引领良好社会风尚的形成，既在立德也在树人，是高校立德树人这个根本任务的重要范畴。高校加强廉洁文化建设，有利于深入推进具有中国特色、符合时代要求的社会主义德育理论体系的建设，有利于推进高校思想政治教育体系的系统化和科学化，是高校将社会主义核心价值观培育落到实处的重要手段，是贯彻立德树人根本任务的务实之举。廉洁文化是廉洁管理得以形成并发展的基础，唯有具备了廉政文化的自觉与自信，才会具有反腐倡廉建设的理性与定力。建设廉洁文化，要紧抓与廉洁文化要求不符的学风、师风、官风的突出问题，将理想信念与制度规范统一，自律与他律并重，组织监督与社会舆论监督结合，注重从管理、文化和心理层面，约束公职人员的行为，并付诸脚踏实地的行为实践。我们应充分认识到廉洁文化是社会主义先进文化建设的题中之义，让我们从新的历史起点再出发，以廉洁文化建设的强大力量，为中华民族高速列车向社会主义现代化进发，竭尽全力保驾护航。

▶案例3

1937年10月，抗日军政大学第六队队长黄克功对陕北公学学生刘茜逼婚未遂，一怒之下，开枪将刘打死。陕甘宁边区高等法院判处这个思想和作风腐败分子以死刑。黄以为自己对革命有功，写信求助于毛泽东。毛泽东写信给法院院长雷经天。信中说："黄克功过去斗争历史是光荣的，今天处以极刑，我及党中央的同志都是为之惋惜的。但他犯了不容赦免的大罪，以一个共产党员、红军干部而有如此卑鄙的、残忍的、失掉党的立场的、失掉革命立场的、失掉人的立场的行为，如为赦免，便无以教育党，无以教育红军，无以教育革命者，并无以教育做一个普通的人。"

——曾珺：《毛泽东书信背后的故事》，浙江人民出版社，2015年版，第28—29页。

1940年，劳苦功高、身上有80多处战斗伤疤的老领导——张家畔税务分局局长肖玉璧，公然贪污3 000多块大洋。案发后，军区政府依法判处他死刑。肖以功臣自居，写信向毛泽东求情。毛泽东没有看信，沉思了一阵后，对带信的林伯渠说："你还记得我怎样对待黄克功吧？"林说："忘不了！"毛泽东接着说："那么这次和那次一样，我完全拥护法院的判决。"

——徐嘉：《抗战时期的纪律故事》，中国方正出版社，2019年版，第142—143页。

刘青山，1914年生，河北安国人。1931年6月加入中国共产党，曾任中共天津地委书记，被捕前任中共石家庄市委副书记。张子善，1914年生，河北深县人。1933年10月加入中国共产党，曾任中共天津地委副书记、天津专区专员，被捕前任中共天津地委书记。他们过去在党的培养教育下，为党为人民做过很多有益的工作，无论是在抗日战争还是在解放战争中，都曾进行过英勇的斗争，建立过功绩。但在和平环境中，他们经不起资产阶级的腐朽思想和生活方式的侵蚀，逐渐腐化堕落，成为人民的罪人。

1950年至1951年，他们在担任天津地区领导期间，贪污地方粮款289 151万元、防汛水利专款30亿元（还10亿元）、救灾粮款4亿元、干部家属救济粮款14 000万元，克扣修理机场民工供应补助粮款54 330万元，贪污治河民工供应粮款37 473万元，倒卖治河民工食粮从中渔利22亿元。此外，还以修建为名骗取银行贷款60亿元，从事非法经营，以上共计1 554 954万元。他们还借机关生产的名义，进行非法经营，送49亿巨款给奸商倒卖钢材，使人民资产损失14亿元。还派人员冒充解放军，用救灾款从东北套购木材4 000立方米，严重影响了灾民的生产和生活。在获非法暴利、大量贪污之后，任意挥霍，过着极度腐化的生活。刘青山甚至吸食毒品成瘾。经调查，刘青山贪污达1.84亿元，张子善贪污达1.94亿元。

（注：此处所说款项均为旧币，旧币1万元合新币1元。）

1951年11月，中共河北省第三次代表会议揭露了刘、张的罪行。同年12月4日，中共河北省委做出决议，经中央华北局批准，将刘青山、张子善开除党籍。1952年2月10日，河北省人民政府举行公审大会，随后河北省人民法院报请最高人民法院批准，判处刘青山、张子善死刑。在是否枪决刘青山、张子善的问题上，毛泽东说，正因为他们两人的地位高、功劳大、影响大，所以才要下决心处决他们。只有处决他们两个，才可能挽救二十个、二百个、两千个、两万个犯有各种不同程度错误的干部。非杀不可，挥泪斩马谡，这是万不得已的事情。1952年2月10日，河北省人民法院经最高人民法院核准判决，对刘青山、张子善执行枪决。

——鲁林等：《红色记忆》第八卷，济南出版社，2006年版，第1375-1380页。

3. 廉洁文化是社会主义文化的必要组成部分

廉正纯洁的知识理论和刚正不阿的行为共同组成了廉洁文化。廉洁文化包括廉洁的基础知识、信念、制度，以及与其相匹配的生存方式和行为标准。在中华民族的传统廉政建设中，廉洁文化是隶属于其中的文化基因，是廉政建设的精华。廉洁文化具有深刻的伦理道德底蕴，同时拥有较为丰富的政治色彩。对应不同的时间节点和领域的区别，廉洁文化的表现形式和演变方式都存在着一些差别，但这些对廉洁文化建设都有着实质性的传播与传承的意义。社会主义廉洁文化也是一种政治伦理文化。在今天，反对腐败，建设廉洁秩序，则是中国共产党执政为民的集中体现。因此，社会主义廉洁文化以社会主义核心价值体系为根本，以社会主义核心价值观为主线，体现了党的宗旨，代表了广大人民群众的根本利益，是广大人民群众对与社会主义廉洁理论相对应的生活方式、思维模式和行为习惯的总概括。社会主义廉洁文化与腐朽落后的文化是根本对立的，它以鲜明的政治态度批判腐朽落后的文化，反对拜金主义、享乐主义和极端个人主义，引导社会成员在各自的岗位上自觉做到廉洁从政、廉洁从业、廉洁修身，以在全社会形成"以廉为荣、以贪为耻"的社会文化氛围。

▶ 案例 4

焦裕禄出生在贫农家庭，在旧社会受尽阶级压迫和痛苦生活的折磨。参加革命后，他长期保持着劳动人民的本色，吃苦耐劳、艰苦朴素。

焦裕禄不仅自己保持艰苦朴素作风，还经常教导孩子，从小要养成艰苦朴素的作风。1963年，他的女儿小梅已是初中三年级的学生了。个子比从老家出来时高了，可是她还穿着九岁时爸爸给她做的布大衣。大衣已经拆洗过几遍，上面补了几个大补丁。有些同学嘲笑小梅："你爸爸还是县委书记哩，也不给你做件新衣裳，还叫你穿烂大衣！"孩子心里怪不好受的，春节回家时，就对爸爸说："人家都说，你是县委书记哩，让我穿这件破大衣，你也不怕丢人！"

焦裕禄笑了笑，指着自己身上的那件补丁摞补丁的衣服，对小梅说："县委书记怎么了？你看我这县委书记穿的是啥衣服！这丢啥人！"他见小梅低下头，就进一步开导她说："你知道啥叫丢人？好吃懒做，贪图享受，才是真正丢人。书记的女儿又怎么样，书记的女儿和工农子弟一样，都是革命的后代，不能高人一等。穿衣只要穿得干净整齐就行了，穿得再好，不劳动就不好。"

不论大事小事，只要违反党的原则和革命利益、焦裕禄就坚决反对。有一次，焦裕禄发现大儿子国庆唱着跳着从外面进来，这时夜已很深了。焦裕禄放下手中的文件转身问他到哪去了。国庆高兴地说："看戏去了。"焦裕禄感到奇怪，问道："哪里来的票？"国庆说："是卖票的叔叔给我的。"焦裕禄听了，非常生气，把孩子狠狠地批评了一顿，拿出两角钱，叫他第二天给售票员，并郑重地告诉全家人以后谁也不准这样做。焦裕禄认为这不是小事，不制止，就会助长特殊风气。他为这件事向县委作了检讨，批评自己对子女教育不够。根据焦裕禄的建议，县委起草了一个通知，针对当时的一些不良倾向，制定了一个《公仆条例》：第一，不准请客送礼。第二，不准特殊救济。第三，不准乱要东西。第四，不准行贿受贿。第五，不准利用职权，为子女亲属安排工作。第六，不准看戏不掏钱。第七，不准大吃大喝、铺张浪费。第八，不准任人唯亲，搞小圈子。第九，不准套购国家统购物资。第十，婚丧嫁娶不准大操大办。

——《中华骄子》编委会：《廉洁楷模》，延边大学出版社，2006年版，第111页。

可见，廉洁文化是指以廉洁精神为内在思想、以文化为外在形式的一种文化形态，是人们对廉洁思想、理念、行为、习惯，以及与之相应的制度、行为方式的总结和概括。廉洁文化的本质是一种社会意识，它是在阶级社会产生以后，伴随着私有制的产生而形成的一种文化形态。随着国家和私有制的发展，人们对廉洁文化的认识也在不断地丰富。

第二节　廉洁文化的结构

廉洁文化既有其外在表现形式，也有其长久以来对人的行为影响及精神塑造的作用，更有其以制度形式表现出的权威性。廉洁文化在器物、行为、制度、精神四个层面上的表现，为探寻廉洁文化教育途径提供了启示。

一、廉洁文化的器物层面

在文化的外在表现形式中，器物层面和工艺层面是最具感性冲击力的。正如人们一见到金字塔和狮身人面像就会联想起埃及文化一样，人们一见到瓷器、丝绸、茶叶、舞狮、赛龙舟、长城、天安门、兵马俑等标志性的器物、建筑、活动或艺术品，也会联想到中国文化。

从物质层面上讲，廉洁文化是指包含与体现人们廉意识和智慧的、能影响反腐倡廉效果的教育场所、设备设施、技术手段和其他实物。廉洁文化既是具有先进性的文化，也是具有大众性的文化。就其先进性而言，党和政府无疑要在廉物质文化建设上率先垂范；从其大众性来说，廉洁文化建设离不开社会大众的积极参与、共同培养。例如，中央苏区时期，党和政府以报刊、书籍、标语、墙报等为廉政文化宣传教育的主要工具开展宣教活动。《红色中华》作为当时最具代表性、发行量最大、影响最为深远的中央政府机关报，从舆论宣传的角度，对中央苏区廉政文化建设的特征、形式、举措、成效等进行了系统勾画，形成了对廉政宣教基本规律的探索和认知。

物质层面的学校廉洁文化是指学校廉洁文化的物质呈现，它赋予教学、科研、生活、环境等的物质载体以廉洁的内涵，是校园文化的基础。廉洁文化的物质层面主要体现在学校的宣传栏、广告牌、提示语等标志性的系统上，对学校廉洁文化建设的形成起着重要作用。[①]

▶ 案例 5

我国有着丰富的廉洁文化资源，无论是为官者修建的"孝廉洞""孝廉石""孝子寺"等历史遗址遗迹，还是以"二十四孝""劝孝歌"为主题的民歌、民谣、诗赋、小说、绘画、雕塑、戏剧等民间艺术形式，都蕴涵着"崇孝尚廉"的传统美德和民族精神，它们在社会中的传播强化了廉洁文化理念和价值体系，推动着整个社会廉洁氛围的形成。

二、廉洁文化的行为层面

从行为层面看，廉洁文化是指人秉持廉洁理念而具有的基本行为方式，如工作方式、生活习惯、言谈举止等。廉洁文化不仅仅是理论层面的一种抽象概念，而且还是实践层面上主观见诸客观的反映。在中国传统道德品行中，廉被视为"仕者之德""为政之本"，它不仅是普通民众在社会活动中所应遵循的伦理规范，更是为官从政者必须遵守的行为准则，正所谓"为人立身以孝为本，任官从政以廉为

---

① 薛青，余剑耀.依法治校背景下的学校廉洁文化建设探究[J].教学与管理，2016（33）：39-41.

方"。这种廉洁行为规范强调要"以孝养廉德，用廉尽孝道"。作为百姓，不仅要侍奉父母、谨身节用，而且要正直清明、守法敬业；作为官员，不仅要清廉正直、奉法为公，而且要博爱广敬、率先垂范。千百年来，中华民族涌现了包拯、范仲淹、司马光等一大批廉吏，堪为世人的楷模。因此，结合廉洁从政实践，引导为官者守孝廉、重品行、作表率，对加强廉政建设具有积极的促进作用。

中华文化素有"家国一体"的传统，"格物、致知、诚意、正心、修身、齐家、治国、平天下"历来就是仁人君子的家国天下观。从中华传统家训可以窥见传统家风所秉承的廉洁价值观，比如《朱子家训》《颜氏家训》等。中国历朝历代弘扬和传承的优良家风中蕴含着丰富的有关清正廉洁的内容，例如，"尚俭抑奢""见利思义""公私分明""戒贪拒贿"和"爱国济民"等具体表述。战国时期的齐国相国田稷之母坚决拒绝儿子所奉上的受贿而得的黄金百镒，并且严词教导他"非义之事不计于心，非理之利不入于家"。清朝林则徐在广东任职期间，尽管花销巨大，日渐入不敷出，但他"决不敢于俸禄而外妄取民间或下僚分毫"，同时也告诫家人："吾林氏素代清白，此种污手之钱决不要一文也。"

行为文化是人类在认识自然和改造自然的物质资料生产过程中所形成的有利于人类社会发展的经验与创造性活动的集合，这种行为活动是在组织价值观 (精神文化)、组织规范(制度文化) 的指导和约束下，通过个体表现出来的行为习惯、行为方式、组织活动、工作作风等。参考廉政文化实践和矩阵构建的可操作性，我们认为，廉政文化的行为文化部分主要包括廉政行为方式、工作作风和组织活动三个部分。具体展开则关乎廉政实务的行为作风要求、行为规范，以及由标准化作风或流程化行为集合而成的固定系列活动，也就是在行为上"不敢腐"。[①]

行为层面的廉洁文化是学校主体在行政管理、教书育人、学习及其他活动中所体现出来的，具有廉洁性质的思维模式和价值取向，包括了机关作风、教师师德师风、学生学风，这是学校廉洁文化的动态折射，是校风、校训的具体体现，也是廉洁文化内化于人心的结果。[②]

---

① 习近平.中国共产党第二十届中央纪律检查委员会第二次全体会议公报[N].人民日报，2023-01-11（001）.

② 习近平.在二十届中央政治局第四次集体学习时的讲话，中国民政，2023（10）：4-5.

▶ 案例 6

　　林则徐是我国近代著名的民族英雄、杰出的爱国主义者，同时也是一位清正廉洁的清官、政绩斐然的政治家。在贪污奢靡之风大行其道的封建末世，他依然重视国计民生，倡导勤政廉洁，正己率属，惩治腐败。他对中华传统廉洁文化的继承和践行主要表现在他为官以清廉为首要。林则徐认为，"立政之道，察吏为先"，而察吏"首以清廉为重"，他常劝导下属要勤政爱民、清廉自持。林则徐自身也始终坚持清廉自守，从他所遗家产总值不过三万两白银即可见一斑。他有句名言："子孙若如我，留钱做什么？子孙不如我，留钱做什么？"更表现了他清正廉洁的高尚情操。林则徐从政期间，整饬吏治，倡导清廉，虽置身腐败的官场，但仍忠于职守，力挽狂澜，他无论到何处，均采取有力措施，惩治贪赃枉法，倡导清正廉明。在他看来，整饬吏治"首严察吏"。因此，对昏庸无能、贪赃枉法的官吏，他秉公参奏，严厉制裁；而对坚持正义、公正廉明的官吏，则力保升迁。林则徐评议保举官员的首要一条是"清廉"。他在给道光帝的密奏中对湖北巡抚周之琦的评价第一句便是"操守清廉，性情朴直"，并建议予以重用。林则徐以"欲影正者端其表，欲下廉者先之身"为座右铭，处处为人表率。他对官场的奢侈腐化风气极为不满，极力反对靡费铺张，提倡节俭清廉。不论是出任湖北布政使、河东河道总督，还是前往广东查禁鸦片，作为朝廷重臣，林则徐均严于律己，轻车简从，廉洁自持。从生活供应、官吏升迁到案件办理，处处公私分明，不涉贪腐。其干练务实的工作态度和廉洁勤政的工作作风使当时"群吏公牍，不能以虚词进，风气为之一变"。

——庄恒恺：《廉吏传》，福建教育出版社，2021年版，第240-241页。

三、廉洁文化的制度层面

　　从制度层面上讲，廉洁文化是指与廉洁有关的规章制度、法律、法规、仪俗、乡约等。制度文化是制度形成的深层次背景之一，也是制度发展过程中经验的积累与理念的升华。察举孝廉作为一种荐举、选拔、任用官员的制度，是文化在廉政建设中的集中体现。据《汉书·武帝纪》记载："令郡国举孝、廉各一人。"孝，主要是指孝子贤孙；廉，主要是指廉洁之士。孝廉者，除博学多才外，更须孝顺父母、行为清廉，其基本要求实为"孝"。"廉"作为选任官员的一项科目，从政者的"孝廉"表现极为重要，没有"孝廉"之品德者不能为官。"举孝廉"反映了时人已认识到为人是否孝悌与为官清浊之间有较密切的联系，即凡孝子多成清官、凡清官多为孝子。该制度强调以德举人、以能是用，是保证官员正气、抑制腐败的手段。"举孝廉"之制不仅拓宽了人才选拔的渠道与官德考评的方式，客观上也促进了注重名节操守的社会风气的形成。

▶案例 7

2012年12月4日，中共中央政治局召开会议，审议通过了《中央政治局关于改进工作作风、密切联系群众的八项规定》。其主要内容是：

（1）要改进调查研究，到基层调研要深入了解真实情况，总结经验、研究问题、解决困难、指导工作，向群众学习、向实践学习，多同群众座谈，多同干部谈心，多商量讨论，多解剖典型，多到困难和矛盾集中、群众意见多的地方去，切忌走过场、搞形式主义；要轻车简从、减少陪同、简化接待，不张贴悬挂标语横幅，不安排群众迎送，不铺设迎宾地毯，不摆放花草，不安排宴请。

（2）要精简会议活动，切实改进会风，严格控制以中央名义召开的各类全国性会议和举行的重大活动，不开泛泛部署工作和提要求的会，未经中央批准一律不出席各类剪彩、奠基活动和庆祝会、纪念会、表彰会、博览会、研讨会及各类论坛；提高会议实效，开短会、讲短话，力戒空话、套话。

（3）要精简文件简报，切实改进文风，没有实质内容、可发可不发的文件、简报一律不发。

（4）要规范出访活动，从外交工作大局需要出发合理安排出访活动，严格控制出访随行人员，严格按照规定乘坐交通工具，一般不安排中资机构、华侨华人、留学生代表等到机场迎送。

（5）要改进警卫工作，坚持有利于联系群众的原则，减少交通管制，一般情况下不得封路、不清场闭馆。

（6）要改进新闻报道，中央政治局同志出席会议和活动应根据工作需要、新闻价值、社会效果决定是否报道，进一步压缩报道的数量、字数、时长。

（7）要严格文稿发表，除中央统一安排外，个人不公开出版著作、讲话单行本，不发贺信、贺电，不题词、题字。

（8）要厉行勤俭节约，严格遵守廉洁从政有关规定，严格执行住房、车辆配备等有关工作和生活待遇的规定。

四、廉洁文化的精神层面

从理念层面上讲，廉洁文化是指人在整个廉政活动过程中形成的关于廉的思想、理念和价值观。孝忠理念是孝廉文化深层次的思想内核。孝是忠的基础，忠是孝的延伸，孝、忠在本质上统一于廉。古人云，"孝慈，则忠""事君忠，则处官廉"。孝即"善事父母""尊亲敬祖"，是对父母尊长的侍奉与顺从，强调爱敬。忠即"赤诚无偏""尽心于人"，强调奉公。若将对自己亲人的爱敬延伸到非亲领域，转化为为社会尽责，便产生了忠。如果一个人对待家人都不能恪守孝道，就更别指望他能忠诚于党、热爱人民、报效国家了，这个人也难以成为清廉自守、方正高洁之士。同样，忠本身就意味着无私奉献。只有真正做到夙夜在公、勤勉工作的官员，才能成为"勤政爱民、克己奉公"之人。孝能养廉、忠可促廉，这无疑是孝廉文化中最基本的价值理念范畴。

▶ 案例 8

2015年1月13日，习近平总书记在第十八届中央纪律检查委员会第五次全体会议上发表重要讲话，指出我们党从关系党和国家生死存亡的高度，以强烈的历史责任感、深沉的使命忧患感、顽强的意志品质推进党风廉政建设和反腐败斗争，坚持无禁区、全覆盖、零容忍，严肃查处腐败分子，着力营造不敢腐、不能腐、不想腐的政治氛围。

高校是大学生的培养基地，对大学生身心发展有着重要影响。新时期，社会高速发展带动思想文化与经济文化的多元化、全球化，人们的行为习惯与思维模式日益复杂化。在国内外复杂多样的思想理念的冲击下，大学生的价值观、人生观、世界观，乃至理想信念、政治立场、道德情操很容易出现偏差。加之，大学生又是一个对新鲜事物了解速度快、接受程度高的群体，因此，通过开展多种形式的廉洁文化教育，可以引导大学生关注廉洁文化，形成健康的廉洁理念与思维意识，养成正确的廉洁价值观与行为规范，成为合格可靠的社会主义建设者和接班人。

当前，部分大学生在多元化价值观面前思想迷茫，迷失了方向，导致学习和生活上懒散和懈怠，缺乏向上动力，做事任性，缺少诚信，甚至对社会上腐败现象有一定"认可度"，崇尚享乐主义和拜金主义，价值观扭曲。为此，高校要通过强化大学生廉洁文化教育，完善校园廉洁教育制度，筑牢大学生廉洁自律、洁身自好的思想基础，培养和塑造大学生的健康人格，从而使大学生能够找准方向，在心中筑起拒腐防变的防线，规范和约束言行举止，抵御不良思想与文化侵蚀，担当起构建和谐社会的重任。

第三节　廉洁文化的功能

廉洁文化是新时代文化建设的重要内容，具有政治功能、经济功能、社会功能、精神功能，做好廉洁文化教育对大学生理想信念养成、廉洁行为规划有着重要的作用。

一、政治功能

廉洁价值观，是以习近平同志为主要代表的中国共产党人对全面从严治党取得的历史成就和宝贵经验的总结，是对共产党的建设和执政规律认识的升华，反映了新时代中国共产党的历史使命和党的建设的新任务和新要求。这表明我们党对马克思主义执政党建设规律和社会主义建设规律的认识发生了质的飞跃，这尤其体现在对党的作风建设、纪律建设和制度建设的认识深化上，体现在党对市场经济和资本、权力的驾驭的认识深化上，体现在对依规治党和以德治国统一的认识深化上。廉洁价值观作为习近平新时代中国特色社会主义思想的重要内容，是对马克思主义经典作家和中国共产党几代领导集体的反腐倡廉思想的继承和发扬，是新时代加强党的建设、坚持和发展中国特色社会主义、实现中华民族伟大复兴的重要思想武器。

弘扬廉洁价值观，作为全面从严治党的重要举措，是一个系统工程，涉及党的思想、作风等各方面建设，关乎党和国家的前途命运，关乎中华民族的兴旺发达。要把新时代坚持和发展中国特色社会主义这场伟大事业进行好，我们党必须进行自我革命，把党建设得更加坚强有力。培育和践行廉洁价值观，既是党的先进性、纯洁性建设和执政能力建设的突破口，又是赢得民心，夺取新时代中国特色社会主义伟大胜利的重要抓手。要深化标本兼治，夺取反腐败斗争压倒性胜利。要强化不敢腐的震慑，扎牢不能腐的笼子，增强不想腐的自觉。弘扬廉洁价值观，对于深入开展反腐败斗争，推动全面从严治党向纵深发展，提高全社会的道德水准和文明程度，既是治标的利器，又是治本的基础。廉洁价值观对于推进新时代的伟大斗争、伟大工程和伟大事业，实现中华民族伟大复兴中国梦，进而彰显马克思主义的真理力量和社会主义的制度优势，无疑具有十分重要的意义。

▶ 案例 9

1936年、1939年两次在陕北根据地进行长期采访的美国记者斯诺发现，那里的中国共产党党员身上有着一种"东方魔力"。他看到毛泽东穿打补丁的衣服，周恩来睡在土炕上，彭德怀用缴获的降落伞做了背心，作为财政人民委员的林伯渠戴着一副断了腿的眼镜，用绳系着挂在耳朵上。中国共产党的领导人节俭朴素的作风给斯诺留下了深刻的印象。斯诺称共产党人是"在中国十年以来所遇见过的最优秀的男女"，有着优秀的"军事纪律、政治信念和制胜意志"，他们"坚韧卓绝，任劳任怨，是无法打败的"。他深情地写道："我和红军相处的四个月，是一段极为令人振奋的经历。我在那里遇到的人们似乎是我所知道的最自由最幸福的中国人。在那些献身于他们认为完全正义事业的人们身上，我强烈地感受到了充满活力的希望、热情和人类不可战胜的力量，自那以后，我再也没有如此强烈的感受。"

——蒋建农，王本前：《斯诺与中国》，黑龙江人民出版社，1993年版，第93页。

二、经济功能

为什么说反腐败有力促进了经济持续健康发展呢？一是反腐败促进了市场公平竞争和资源合理配置。资源配置效率决定着一个经济体的长期发展水平。反腐败有力地打击和遏制了行政权力的"设租""寻租"行为，保证了市场公平竞争的顺利进行，维护了市场经济秩序，促进了资源的合理配置。二是反腐败降低了企业的交易成本和经营风险。惩治腐败，打击权力"寻租"，营造服务高效、风清气正的投资经商环境，从而降低了企业交易成本和经营风险。三是反腐败有力地促进了社会公正。腐败行为破坏社会基本分配法则，造成收入差距不断拉大，严重损害社会公平，导致社会总体经济效率下降。

反腐败遏制了贪污腐败带来的非法暴富，保证了社会保障资金的安全和人民群众的福利水平，大大减少了财政资金使用中的铺张浪费现象，减少了社会财富的不公平分配，维护和保障了社会公平正义。事实充分证明，我们党完全有能力既有效遏制腐败，又保证经济的持续健康发展。要把反腐败同经济建设有机地结合起来，坚决扫除发展的一切障碍，努力营造有利于社会发展的反腐倡廉环境。

▶ 案例10

2014年3月6日上午，习近平总书记参加江西代表团审议时，代表们谈到江西省2014年经济社会发展各项指标全线飘红。与此同时，狠抓反腐倡廉和中央八项规定精神落实。习近平说："可见，反腐并不会影响经济发展，反而有利于经济发展持续健康。"

三、社会功能

社会意识对社会存在有着积极的能动作用，能够指导人们的社会实践。社会主义廉洁文化作为一种积极向上的文化，本质上是一种先进的社会意识，它所包含的廉洁精神、廉洁理念对人的思想和行为有着积极的引导功能，使广大社会成员在廉洁文化中得到感悟和启发，从而弄清楚什么是对的、什么是错的、什么是应当的、什么是不应当的，进而引导人们分辨社会现象的美丑，把握社会善恶尺度，形成崇尚廉洁的价值观念，自觉践行社会主义核心价值观，引导人们沿着正确的方向发展。

"想做官。""做什么样的官呢？""做……贪官，因为贪官有很多东西。"2009年，南都网上一段"广州一年级小学生的理想"的采访视频吸引了很多网民的注意，其中一位小学生"想做贪官"的理想更是引发了网民的议论和解读，成为当时的热点话题。孩子很小，才六岁，理想很明确，就想做官，而且是贪官。我们没必要去责怪教育体制，教育体制里不可能教孩子这些。要反思的是家长，我们该在孩子面前聊些什么？作为普通民众，我们期待所有的贪官被绳之以法，期待越来越多的为民众办实事、为社会做好事的清官站上公务员的位置。

▶ 案例 11

2017年2月，人民论坛调查结果证明，新形势下，坚定不移地开展反腐败斗争，是兴党兴国之举、党心民心所向；十八大以来的强力反腐，向世界展示了中国共产党突出的政治优势和出色的执政能力；深入开展的反腐败斗争，不仅具有净化政治生态、夯实党的执政基础等重大现实意义和深远历史意义，也是全面深化改革、贯彻落实新发展理念的内在要求。85.7%的受访公众对十八大以来的反腐败工作表示满意。

四、精神功能

思想是行动的先导，树立廉洁理念是廉洁文化建设的核心。实践证明，检验廉洁文化建设是否见成效的一条基本标准，就是社会成员能否将廉洁理念内化于心、外固于行。要做到将廉洁理念内化于心、外固于行，关键在于社会成员对社会倡导的价值观念的认同和遵循。文化作为精神和价值观念，在社会治理过程中对社会成员具有教化作用，能够帮助社会成员树立共同的理想和价值观念。

廉洁文化作为一种先进文化，蕴含着与社会主义核心价值体系相一致的价值取向和价值评判标准，反映了广大社会成员的价值诉求。在社会主义廉洁文化建设过程中，通过开展寓教于文、寓教于乐的廉洁文化活动，使社会成员自觉或不自觉地完成廉洁精神的培养和廉洁行为习惯的养成，从而在思想上认同社会主义核心价值观，坚定中国特色社会主义理想信念。

► **案例 12**

2017年，央视开年大戏《于成龙》以宏大的历史视角，生动再现和诠释了一代廉吏于成龙"以民为本、勤政清廉、敢于担当"的为官精神，其收视率与口碑齐飞，单集收视率曾一度达到2.16%，在当时创下了央视一套黄金档收视率之最。

第四节　廉洁文化的特征

建设廉洁秩序是人类孜孜以求的政治追求，也是共产党人一以贯之、不懈追求的奋斗目标。与资本主义廉洁秩序建设不同，社会主义廉洁秩序建设具有先进性、公共性、透明性、公正性、法治性、服务性等本质属性。

一、先进性

社会主义廉洁文化是社会主义先进文化的组成部分。一方面，它以社会主义核心价值体系为根本，集中反映了马克思主义指导思想、中国特色社会主义共同理想、以爱国主义为核心的民族精神和以改革创新为核心的时代精神、社会主义荣辱观；另一方面，它以社会主义核心价值观为根本要求，富强、民主、文明、和谐为社会主义廉洁文化提供了国家层面的要求，自由、平等、公正、法治为社会主义廉洁文化提供了社会层面的要求，爱国、敬业、诚信、友善为社会主义廉洁文化提供了个人层面的要求。

二、公共性

现代政府产生于公民的协商和同意，其权力来源于公民权利的合理让渡。作为公共组织，政府是人民权力的受托者和公民意志的代表，理应按照公民的共同意愿依法行使公共权力，对关系到每个公民共同利益的公共事务予以管理。廉洁政府拒绝公共权力的非公共运用。如果一个政府运用公共权力谋取私利，进行非公共运用，那就是腐败。因此，廉洁政府的逻辑起点就是让公共权力为公共利益服务，它强调了政府是公共服务组织而不是凌驾于社会之上的利益集团的公共本位问题。我国是人民当家作主的社会主义国家，国家一切权力来自人民、属于人民。廉洁政府要求我们加快行政管理体制改革，着力转变职能、理顺关系，努力建立职能科学、结构优化、廉洁高效、人民满意的服务型政府；要求我们必须始终尊重人民主体地位，发挥人民首创精神，保障人民各项权益，走共同富裕之路。

三、透明性

现代政府管理下，每一个公民都有权获得与自己利益相关的政府政策信息。透明性要求这些信息能够及时通过各种传媒为公民所知，以便公民能够有效地参与公共决策过程，并且对公共管理过程实施有效的监督。透明程度愈高，廉洁的程度也愈高。因此，提高政府工作透明度和公信力，保障人民知情权、参与权、表达权、监督权是建立现代廉洁秩序的关键。廉洁秩序要求我们推行权力运行公开化、透明化、规范化，完善党务公开、政务公开、司法公开和各领域办事公开制度，健全质询、问责、经济责任审计、引咎辞职、罢免等制度，加强党内监督、民主监督、法律监督、舆论监督，让人民监督权力，让权力在阳光下运行。

四、公正性

公平正义是中国特色社会主义的内在要求，是人类追求美好社会的一个永恒主题。腐败从本质上来说是对公共权力的滥用和公共资源的私人或个别占用，它直接破坏了社会的公平正义，造成了机会、起点和分配的不公正，破坏社会竞争的基本规则，诱发了社会道德的失范，侵蚀着社会信任的建立。因此，建设廉洁秩序的核心价值就是维护社会的公平正义。廉洁秩序要求我们在全体人民共同奋斗、经济社会发展的基础上，加紧建设对保障社会公平正义具有重大作用的制度，逐步建立以权利公平、机会公平、规则公平为主要内容的社会保障体系，努力营造公平的社会环境，使不同社会群体之间的利益关系更趋协调，使全体人民各尽其能、各得其所，而又和谐相处。

五、法治性

法治的基本意义在于，法律是公共政治管理的最高准则，任何政府官员和公民都必须依法办事，在法律面前人人平等。现代社会依靠法治的手段来制约权力，惩处腐败行为，保证人民运用法律授予的权利使权力得到有效制约和监督，防止权力变异，这已成为人们的共识。因此，推进廉洁秩序的重要保证是加强廉洁法治建设，使政治权力在现代法治轨道上运行。廉洁秩序要求我们加快立法，逐步形成内容科学、程序严密、配套完备、有效管用的符合中国国情的廉洁秩序建设法律体系；要加强制度的执行力建设，使廉政法律、法规成为必行之法；要健全监督制约体制和机制，保证权力的授予和运行受到必要的监督与制约，建立健全决策权、执行权、监督权既相互制约又相互协调的权力结构和运行机制。

六、服务性

中国共产党是代表最广大人民根本利益的政党，我们的政府是全心全意为人民服务的政府。贯彻马克思主义群众观点和党的群众路线，实现好、维护好、发展好最广大人民根本利益是廉洁秩序建设的落脚点。廉洁秩序要求我们健全党和政府主导的维护群众权益机制，认真解决群众反映强烈的突出问题；坚持问政于民、问需于民、问计于民，做决策、定政策时充分考虑群众利益和承受能力，统筹协调各方面利益关系，切实做到顺民意、解民忧、惠民生；坚持以人为本、执政为民，不断增强党的阶级基础、扩大党的群众基础，使党始终得到最广大人民群众的支持和拥护。

▶ 案例 13

1. 陶母退鱼

原文：陶公少时作鱼梁吏，尝以坩鲊饷母。母封鲊付使，反书责侃曰："汝为

吏，以官物见饷，非唯不益，乃增吾忧也。"（《世说新语》）

《陶母退鱼》讲的是东晋名将陶侃曾任监鱼梁事务的小官，食用官府的腌鱼时，念及家中贫寒的母亲，就用陶罐盛装了一些派人送给母亲。未料母亲如数退还，附信责备道："当小官就拿公家的东西给我，不但不能让我感到高兴，反而让我整天为你担心呢！"正因陶母的言传身教，陶侃虽一生家境贫苦，却做官长久。

陶侃的母亲虽然贫苦，却有傲骨，并且通情达理。她质朴的人生观就是：不能贪占别人的小便宜。如果当初她收下了陶侃损公肥私孝敬的腌鱼，那么陶侃说不定日后就敢拿官库里的银子来孝敬她。

陶侃母亲清楚地知道，贪得无厌都是从占各种小便宜开始的，所以这位深明大义的母亲，把自己儿子占小便宜的贪婪之念，掐灭在萌芽状态。由此也使儿子一生平安，没有被贪欲毁灭。

2. 以廉为宝

原文：宋之野人耕而得玉，献之司城子罕，子罕不受。野人请曰："此野人之宝也，愿相国为之赐而受之也。"子罕曰："子以玉为宝，我以不受为宝。"故宋国之长者曰："子罕非无宝也，所宝者异也。"今以百金与抟黍以示儿子，儿子必取抟黍矣；以和氏之璧与百金以示鄙人，鄙人必取百金矣；以和氏之璧、道德之至言以示贤者，贤者必取至言矣。其知弥精，其所取弥精；其知弥粗，其所取弥粗。（《吕氏春秋·异宝》）

宋国的一个农夫在耕地时得到一块宝玉，把宝玉献给宋国的相国子罕，子罕（却）不接受。这个献宝玉的人说："这是我的宝物，希望相国赏脸收下。"子罕说："你把玉当作宝，我把不贪当作宝。"所以宋国年高有德的人说："子罕不是没有宝，而是他所当作宝的东西与别人不一样。"现在拿百两黄金和黄米饭团来给婴儿看，婴儿必定选黄米饭团；拿和氏璧和百两黄金来给鄙俗之人看，鄙俗之人必选择百两黄金；拿和氏璧和合于道德准则的至理之言来给贤德之人看，贤德之人必定选择合于道德的至理之言。人的知识愈精妙，他所选择的也愈精妙；人的知识愈粗陋，他所选择的也愈粗陋。

3. 杨震拒金

原文：（杨震）举茂才，四迁荆州刺史，东莱太守。当之郡，道经昌邑，故所举荆州茂才王密为昌邑令，谒见，至夜怀金十斤以遗震。震曰："故人知君，君不知故人，何也？"密曰："暮夜无知者。"震曰："天知，神知，我知，子知。何谓无知！"密愧而出。后转涿郡太守。性公廉，不受私谒。子孙常蔬食步行，故旧长者或欲令为开产业，震不肯，曰："使后世称为清白吏子孙，以此遗之，不亦厚乎！"（《后汉书·卷五十四·杨震列传第四十四》）

杨震公正廉洁，不谋私利。他任荆州刺史时发现王密才华出众，便向朝廷举荐王密为昌邑县令。后来他调任东莱太守，途经王密任县令的昌邑(今山东金乡县境)时，王密亲赴郊外迎接恩师。晚上，王密前去拜会杨震，两人聊得非常高兴，不知不觉已是深夜。王密准备起身告辞，突然他从怀中捧出黄金，放在桌上，说道："恩师难得光临，我准备了一点小礼，以报栽培之恩。"杨震说："以前正因为我了解你的真才实学，所以才举你为孝廉，希望你做一个廉洁奉公的好官。可你这样做，岂不是违背我的初衷和对你的厚望。你对我最好的回报是为国效力，而不是送给我个人什么东西。"可是王密还坚持说："三更半夜，不会有人知道的，请收下吧！"杨震立刻变得非常严肃，声色俱厉地说："你这是什么话？天知，地知，我知，你知！你怎么可以说没有人知道呢？没有别人在，难道你我的良心就不在了吗？"王密惭愧地离开了。杨震为官，从不谋取私利。在任涿郡（今河北省涿县）太守期间，从不吃请受贿，也不因私事求人、请人、托人，请客送礼。他的子孙们与平民百姓一样，蔬食步行，生活十分简朴。亲朋好友劝他为子孙后代置办些产业，杨震坚决不肯，他说："让后世人都称他们为'清白吏'子孙，这样的遗产，难道不丰厚吗！"

4. 一钱太守

原文：山阴县有五六老叟，庞眉皓发，自若邪山谷间出，人赍百钱以送宠。宠劳之曰："父老何自苦？"对曰："山谷鄙生，未尝识郡朝。它守时吏发求民间，至夜不绝，或狗吠竟夕，民不得安。自明府下车以来，狗不夜吠，民不见吏。年老遭值圣明，今闻当见弃去。故自扶奉送。"宠曰："吾政何能及公言邪？勤苦父老！"为人选一大钱受之。（《后汉书·卷七十六·循吏列传第六十六》）

刘宠任会稽太守时，废弃扰民措施，废除苛捐杂税，监察非法活动，会稽郡中很太平，朝廷授予他做主管工程建筑的官员。山阴县有五六位老汉，从若邪山山谷中出来，每人带着一百个钱用来送给刘宠，刘宠说："各位长者何必如此。"老汉们说："（我们是）山谷中见识少的人，不曾认识郡太守与朝廷要员，别的郡太守治理时，官吏在民间搜刮，（从白天）到夜里一直不断，有时狗整夜叫个不停，百姓不得安宁。自从太守您上任以来，狗夜里不叫了，百姓也看不见官吏（来索要财物）；年老时遇到政治清明，如今听说您要离任了，所以我们一起送上（一点礼）。"刘宠说："我的政绩怎能比得上你们说的呢！父老乡亲辛苦了！"老人恭敬地用手捧着钱（送给刘宠），刘宠难以推辞，就从每人的手中选了一枚铜钱收下了。

第二章　中国共产党廉洁文化

　　党风廉政建设是一项厚植党执政根基的工程，是保持与人民群众血肉联系的重要保证。中国共产党团结和引领各族人民走出茫茫黑夜，带领着有5 000年文明历史的东方大国走上社会主义康庄大道，创造了经济快速发展和社会长期稳定两大奇迹。百年基业，恰是风华正茂，是什么成就了我们这个百年大党？这个大党具有什么"魔力"能将亿万人民的意志汇聚成实现民族伟大复兴的磅礴力量？熙来攘往的万千视角，都聚焦于探索中国共产党的胜利密码。2022年10月16日，习近平总书记在党的二十大报告中指出："经过不懈努力，党找到了自我革命这一跳出治乱兴衰历史周期率的第二个答案，自我净化、自我完善、自我革新、自我提高能力显著增强，管党治党宽松软状况得到根本扭转，风清气正的党内政治生态不断形成和发展，确保党永远不变质、不变色、不变味。"坚持自我革命、不懈开展反腐败斗争、建设廉洁政治、弘扬廉洁文化是中国共产党能取得历史性成就的重要经验和法宝。

第一节　中国共产党廉洁文化的生成机理

　　文化是一个民族的精神血脉，见证着民族基因的传承。中国共产党的廉洁文化是中国共产党人的精神家园，相对于觉悟和制度，文化的作用力和影响力更为广泛。本节主要从发生学的角度探讨中国共产党廉洁文化的生成机理，以进一步深化我们对新时代中国共产党建设廉洁文化必然性的认识。

一、中国共产党的性质和宗旨的本质规定

党的性质就是党本身所固有的本质属性，既是构成不同政党之间相互区别的本质特征，又决定着政党文化建设的基本方向。关于党的性质，党章中开宗明义地指出："中国共产党是中国工人阶级的先锋队，同时是中国人民和中华民族的先锋队，是中国特色社会主义事业的领导核心，代表中国先进生产力的发展要求，代表中国先进文化的前进方向，代表中国最广大人民的根本利益。党的最高理想和最终目标是实现共产主义。"这个描述回答了党同工人阶级、中国人民和中华民族的关系，体现了党的先进性特征。中国共产党从1921年诞生起，就是按照马克思列宁主义建党原则建立的完全新型的工人阶级政党。同任何其他政党不同，其在代表一定阶级利益的同时也代表着最广大人民的利益。其所从事的革命事业同中国历史上的其他政党的革命有着本质的区别，以往的政党运动都是以一种剥削制度代替另一种剥削制度，而中国共产党所从事的无产阶级革命则是要消灭一切剥削制度和阶级差别，解放全人类，最终实现共产主义。正如马克思、恩格斯在《共产党宣言》中就指出："过去的一切运动都是少数人的或者为少数人谋利益的运动。无产阶级的运动是绝大多数人的、为绝大多数人谋利益的独立的运动。"毛泽东也强调："共产党是为民族、为人民谋利益的政党，它本身决无私利可图。它应该受人民的监督，而决不应该违背人民的意旨。它的党员应该站在民众之中，而决不应该站在民众之上。"根本利益的一致性，决定了共产党人代表着工人阶级利益，同时也代表了最广大人民群众的利益。既然共产党除了工人阶级和最广大人民群众的利益之外，没有也不追求特殊的利益，必然就会要求党把廉洁文化作为自身文化建设的重要方向。

党的宗旨是政党的根本目的和行为导向，表明党的价值取向和价值目标。共产党的宗旨就是共产党性质的集中体现，中国共产党的宗旨是由"为人民""服务""全心全意"几个描述性语词构成的肯定性表达，三者不可分割，构成"全心全意为人民服务"。党的这一根本宗旨，具有极为丰富和深刻的内涵，"为人民"是本质，它是中国共产党的立党之本、生命之根，是党的发展之基、力量之源。"服务"是关键，它是中国共产党的职责所在、使命所系，是为人民谋利益唯一行

之有效的手段。"全心全意"是心态和姿态，它是中国共产党的血脉传承、崇高风范，是党的事业兴旺之由。正如习近平总书记所指出的那样，"我们讲宗旨，讲了很多话，但说到底还是为人民服务这句话"，言简意赅地点明了全心全意为人民服务永远是党的根本宗旨。而要践行全心全意为人民服务的宗旨，必然要求我们坚持立党为公、执政为民，不忘初心、牢记使命，坚持以人民为中心的根本立场，不断满足人民群众对美好生活的向往，任何时候都把人民的利益放在第一位，与人民同甘共苦，和人民保持最密切的联系，坚持权为民所用、情为民所系、利为民所谋，不允许任何党员脱离群众、凌驾于群众之上。要坚持一切都从人民的利益出发，而不是从个人或小集团的利益出发。共产党人以人民利益为第一生命，在处理国家、集体、个人三者利益时，要把国家利益、集体利益放在第一位，个人利益服从国家利益、集体利益，局部利益服从全局利益，眼前利益服从长远利益。因此，这就决定了消极的贪腐文化绝不为党所容。

党的十八大以来，党中央坚持思想建党和制度建党同向发力，持续用理想信念强基固本、用党的创新理论武装全党，补足党员精神之"钙"，铸牢思想之"魂"，要求全体党员把加强党性修养作为终身课题，持续开展党内集中学习教育，清除滋生腐败的思想病毒，教育党员扣好廉洁从政"第一粒扣子"。2022年2月24日，中共中央办公厅印发《关于加强新时代廉洁文化建设的意见》，引导党员不断加固拒腐防变的思想堤坝，反映了党对反腐倡廉工作基本规律认识的进一步深化，体现了党深沉的忧患意识。

二、深厚廉政文化传统浸润

树高千尺仍有根，河流万丈必有源。善于向历史学习，从历史中获得智慧是中国共产党的优良传统。中国共产党的廉洁文化，绝非无源之水、无本之木，而是对古代传统廉政文化的创造性转化和创新性发展。古人十分憎恶贪官污吏，《诗经》中便有"大风有隧，贪人败类"的诗句。在古代中国，"廉"始终是一个重要的政治伦理，现代人关于廉洁文化的基本理解如正直、品行端方等大都可以在古代典籍中找到相应依据，如《九章算术》中将廉定义为直线，引申为正直之意，与隅相对。东汉许慎的《说文解字》指出"洁，净也"，反映到人本身就是品行高洁。可以说，当今人们对廉洁文化的诸多规定如"不贪不占、品行高洁、操守清白、志向远大"都可以在古代典籍中找到原型。同时，我国古代的许多思想家、政治家也对廉政问题进行了缜密思考，提出了教化、惩治、监察等卓有成效的反腐办法，为中国共产党对廉洁制度设置和反腐倡廉机构设置的探索与创新提供启示。中国共产党构建自身廉洁文化的过程恰是其立足于时代需要，将传统廉洁文化古为今用，推陈出新，不断激活其生机活力，赋予其鲜活的当代价值与意义的过程。中国共产党廉洁文化既吸收了中国传统文化中克己奉公、爱民如子、反求诸己、艰苦奋斗、励精图治等优秀廉政文化因子，也对其存在的历史局限性，如重人伦、轻制度进行了批判性改造，并不断结合时代要求对其内涵进行了升华。这集中体现了社会主义政治文明和精神文明的要求。

三、高级领导干部率先垂范

唯物史观在充分肯定人民群众创造历史的根本地位的同时，也承认英雄人物在推动历史进步中的巨大作用，中国共产党廉洁文化的形成与党的高级领导干部的自身示范作用密不可分。中国共产党深知"风成于上，俗化于下""其身正，不令而行"的道理。中国共产党廉洁文化的形成，同党的高级领导干部的表率作用是分不开的。无论是老一辈的革命家例如毛泽东、周恩来、刘少奇、朱德等人所体现出的廉洁风范，还是新时代的人民领袖身上所体现的"我将无我，不负人民"的赤子情怀，都为中国共产党廉洁文化注入新的内涵，构成了中国共产党廉洁文化发育的一个重要动力，对党的廉政文化发展产生巨大的积极影响。

▶ 案例14

习仲勋的优良家风

习仲勋出生于陕西省富平县农民家庭，少年在家乡立诚学校读书时就开始接受先进思想，参加进步学生团体。于1926年5月加入中国共产主义青年团，投身伟大的革命事业。曾因参加陕西省立第三师范爱国学生运动，被国民党反动派当局关押于三原、西安等地，他在狱中坚持斗争并转为正式党员。1930年，习仲勋离开故土，进入爱国将军杨虎城的部队从事兵运工作。

优良的祖训家风对习仲勋产生了深刻的影响。其父亲信奉"严是爱，宠是害"的教子格言。习仲勋的妹妹习冬英回忆起父亲对子女教育时曾说："即使家里孩子多，很热闹，但我们经常能觉察到父亲和蔼的面容中透射着几分严厉，常常在孩子们吵闹得不可开交的时候，父亲一声咳嗽，家里顿时就静了下来。他虽然没上过学，终生为农，但他经历较广，知书达理。他期望子女们做勤劳正直的人，因而对孩子们管教很严，我们都怕他。"

习仲勋对子女的教育也是慈爱而严格的，他特别注意从点滴小事抓起，培养孩子勤劳勇敢、艰苦朴素的品德，不允许有任何的优越和特殊。孩子的衣服和鞋袜，都是依次"接力"，大孩子穿旧了打上补丁让小的再穿。

习仲勋的夫人齐心，是抗日战争初期在太行烽火中投身革命并加入中国共产党、而后奔赴延安的八路军女战士。1943年春，习仲勋出任中共绥德地委书记，齐心也同一批青年奉命来到绥德师范学习，并担任秋三四班党支部书记。由此，他们相识相爱，结为百年伴侣，携手走过了58个春秋。他们的婚姻生活，无论是在战争岁月，还是在和平时期，都凸显出"革命"这一时代的印记。

1944年4月28日，仅几位军地领导一起聚餐的"婚礼"散去之后，习仲勋便对新婚燕尔的妻子说了一段"革命情话"："从此往后，我们就休戚相关了。但是，我不愿意陷入个人生活的小圈子。艰难岁月，革命斗争是第一位的，彼此之间不可能也不允许有过多的关照。你应当一如既往地到基层去，到斗争第一线去。"他鼓励齐心说："如果能做好一个乡的工作，就能做好一个区的工作，要做好群众工作，首先要向群众学习。"

1978年，习仲勋冤案昭雪，出任中共广东省委第一书记，后当选中央政治局委员、书记处书记、全国人大常委会副委员长，其间曾多次率团出国访问。按规定，夫人是可以陪同的，但习仲勋仍嘱咐妻子谨守自己的工作岗位，使得她未曾踏出国门一步。用齐心的话说，最远只去过深圳沙头角。2004年春，齐心才应友人之邀去过一次香港，还是没有走出国门。

这就是胸有家国、品自高洁的习仲勋，这就是其真实诚挚、代代传承的家风。

——贾巨川：《习仲勋同志的家风》，《学习时报》，2017年2月8日第1版。

第二节 中国共产党廉洁文化的基本表现

加强新时代廉洁文化建设，是党的自我革命必须长期抓好的重大政治任务，也是一体推进不敢腐、不能腐、不想腐的基础性工程。由此，《关于加强新时代廉洁文化建设的意见》强调："要厚植廉洁奉公文化基础。"中国共产党廉洁文化，作为社会主义先进文化的重要组成部分，是新时代推进党风廉政建设的资源宝库，其作为一种不是抽象和空洞的，而是具体和现实的文化传承，伴随党领导的革命、建设、改革全过程，蕴含于党的理想、纪律、作风等各个环节。

一、严格细致的纪律要求

纪律是党的生命，是党的各级组织和全体党员必须遵守的行为规则，是维护党的团结统一、完成党的任务的保证。重视纪律、严明纪律，是我们党的鲜明特征，也是中国共产党廉洁文化的重要表现。在革命、建设和改革的历史进程中，我党始终保持重视纪律、严明纪律的优良传统。党的十八大以来，以习近平同志为核心的党中央把这一优良传统放到更加突出、更加重要的位置，并进一步发扬光大。习近平总书记在十八届中央纪委二次全会上明确提出要"加强党的纪律建设"。中央采取一系列举措，着力改变党的纪律建设在一些地方、一些领域仍停留在要求层面和执行缺位的状况，紧扣党风廉政建设和反腐败斗争这个中心任务，围绕监督、执纪、问责，进行全面、系统的整改与加强。党的纪律建设成为党自身建设的常态化工作内容，成为推进全面从严治党重大战略部署的重要支撑。这既是党的纪律建设的一次重大提升，也是党的建设理论和实践的重大创新。

与此同时，纪律建设已成为党的建设总体布局的重要组成部分。经过长期发展，党的建设逐步形成了包括政治建设、思想建设、组织建设、作风建设、纪律建设、反腐倡廉建设和制度建设在内的全方位布局。从理念上看，纪律建设已经成为管党治党建设党的重要支撑；从内容上看，纪律建设把隐藏在政治建设、思想建设、组织建设、作风建设、反腐倡廉建设、制度建设中的纪律要求整合起来，形成了包括政治纪律、组织纪律、廉洁纪律、群众纪律、工作纪律、生活纪律在内的新的纪律体系；从制度上看，党中央修订《中国共产党廉洁自律准则》《中国共产党纪律处分条例》和《中国共产党巡视工作条例》等，构筑反腐倡廉建设制度体系；从机制上看，党中央强化纪委作为党内监督专门机关的职责定位，提出党委负党风廉政建设主体责任、纪委负监督责任，深化纪律检查体制改革，提出"两个为主"，完善巡视制度，加强派驻机构，等等。

纪律建设抓住了全面从严治党的根本。纪律建设是党的建设的基础工程，伴随党的建设全过程。9 600多万党员的凝聚力、战斗力从哪里来？从根本上说，来自纪律的刚性。如果纪律建设这个基础夯不实、打不牢，我们党就难以有效发挥领导核心作用，就不可能实现长期执政，党的事业就会发生动摇，党的廉洁文化也就无从谈起。正是基于纪律建设对于党的建设的特殊重要性，习近平总书记针对我们党面临的严峻挑战和党内亟待解决的问题，尤其是一些党员干部中发生的贪污腐败、脱离群众、形式主义、官僚主义等问题，强调提出加强纪律建设，并将其摆在党的建设的突出位置，使党风为之一新，人民真心拥护，国际社会普遍赞许，党的肌体更加健康，党的凝聚力明显增强，党的形象得到极大提升。

▶ **案例15**

"铁的纪律"来源考证

我们经常说中国共产党有铁的纪律，但很多人对这一说法最早来源于什么地方并不清楚。据考证，1938年9月陈云在延安抗日军政大学进行题为"论干部政策"的讲演，其在这一讲话中明确指出："一个革命的队伍必须有铁的纪律，来保障完成革命的任务。中国共产党和八路军如果没有铁的纪律，也就不会存在，不可能发展到现在这样。革命的纪律一定要遵守，希望同志们不要违犯革命的纪律。"

——陈云：《论干部政策》（1938年9月），《陈云文选》，人民出版社，1984年版，第45页。

二、驰而不息的反腐斗争

对腐败零容忍是中国共产党廉洁文化的鲜明标识。中国共产党深刻认识到任何权力都存在被异化的风险。中华人民共和国成立前夕，在革命胜局已定的历史性时刻，中共七届二中全会在西柏坡胜利召开，毛泽东谆谆告诫全党："夺取全国胜利，这只是万里长征走完了第一步……剧是必须从序幕开始的，但序幕还不是高潮。中国的革命是伟大的，但革命以后的路程更长，工作更伟大，更艰苦。这一点现在就必须向党内讲明白，务必使同志们继续地保持谦虚、谨慎、不骄、不躁的作风，务必使同志们继续地保持艰苦奋斗的作风。"这就是意义重大而深远的"两个务必"。2013年，习近平总书记再次来到西柏坡，并深刻指出在中国革命即将取得全国胜利之际，毛泽东同志在党的七届二中全会上向全党郑重提出"两个务必"，是经过了深入思考的，包含着对我们党坚持全心全意为人民服务根本宗旨的深刻认识，思想意义和历史意义十分深远。

可以说，从建立伊始，中国共产党就一直在与腐败现象做斗争。特别是执掌政权后，更是高度重视对自身肌体和政府部门的净化，以及对优良的党风、政风的培养。从中华人民共和国成立之初严惩刘青山、张子善到十一届三中全会以后集中治理的反腐败方式，再到新时代党的反腐败斗争压倒性态势的形成，无不展现出共产党人对腐败问题的警醒。正是中国共产党这种不徇私情、严惩腐败的决心和行动，赢得了老百姓的衷心拥戴和世人的无限钦佩，极大地提高了中国共产党的威望。总体而言，在中国共产党廉洁文化建设的过程中，惩治腐败是一条鲜明的线索。

▶ **案例16**

要算政治账

人民把权力交给我们，我们就必须以身许党许国、报党报国，该做的事就要做，该得罪的人就得得罪。不得罪腐败分子，就必然会辜负党、得罪人民。是怕得罪成百上千的腐败分子，还是怕得罪十三亿人民？不得罪成百上千的腐败分子，就要得罪十三亿人民。这是一笔再明白不过的政治账、人心向背的账！中央要求各级干部不做"太平官"，中央领导层首先不能做"太平官"。对腐败分子，我们决不能放过去，放过他们就是对人民的犯罪、对党不负责任！我们这么强力反腐，对腐败采取零容忍的态度，目的是什么呢？是为了赢得党心民心。

——习近平在中国共产党第十八届中央纪律检查委员会第五次全体会议上的讲话（2015年1月13日）

三、激浊扬清的政党作风

作风建设是党的建设的永恒主题，关系党的执政基础，关系党和人民群众的血肉联系。党的二十大报告提出："党风问题关系执政党的生死存亡。""我们党作为世界上最大的马克思主义执政党，要始终赢得人民拥护、巩固长期执政地位，必须时刻保持解决大党独有难题的清醒和坚定，"再次强调了作风建设的极端重要性。在百年历程中，中国共产党始终坚持实事求是、艰苦奋斗、求真务实、自我革命，作风建设经历了初步确立、巩固发展、丰富完善、守正创新的过程。在革命、建设、改革的实践中，中国共产党形成了以理论联系实际、密切联系群众、批评和自我批评以及艰苦奋斗、求真务实等为主要内容的优良作风，彰显了马克思主义政党的本质特征，构成了中国共产党廉洁文化的重要组成部分。

将作风建设作为廉洁文化建设的重要方面是中国共产党的一大创造。作风是党的世界观和党性的外在表现，政治、思想、组织、工作、生活等都包括于党的作风之内。这就把作风由一般的工作作风推及政治、思想、组织、生活等方面，由党员个人的形象扩展为党组织的整体形象，发展了马克思主义经典作家的思想。恩格斯看到"阿谀奉承"的作风、"华而不实"的风气存在于某些社会主义者身上，对此进行了严厉的批评，在一些讨论党的建设的书信中给出了科学的论断，这是在党的建设中最早使用"作风"一词。"党风"作为作风的另一种表现形式，其概念的形成经历了长时间的发展过程。十月革命后，面对严重脱离群众的官僚主义情形，列宁多次使用"作风"一词，但是没有对党风进行详细的阐释。中国共产党首次使用"党风"概念是在《反对主观主义和宗派主义》（1941）一文中，"延安的学风存在主观主义，党风存在宗派主义"，并形成了一套党风建设理论。毛泽东在《整顿党的作风》（1942）中指出："学风和文风也都是党的作风，都是党风。"这是他第一次使用"作风"一词。

中国共产党如此重视作风建设是有原因的。因为政党现象不是中国文化现象，中国封建历史上有所谓的"朋党"，多为争夺权力、排斥异己、互相勾结而成的联盟，并非现代社会的政党团体。现代政党是欧美资本主义发展的产物，资本主义国家的政党更多的是反映资产阶级权利的利益集团，实质是代表着少数人的、为少数人谋利益的团体。只有马克思主义政党才是代表着工人阶级和最广大人民群众利益的、不追求任何私利的政党。但马克思主义政党的这一性质如何被广大人民群众所认识，就不能只靠党的思想和组织的努力来解决，而必须通过实实在在的形象塑造，为广大人民群众所认同、所信服。由此，作风建设就成了中国共产党自身建设的重要内容，在各个历史阶段都受到了重视，并得到了很好的解决。

第三节　中国共产党廉洁文化建设的实践进路

中国共产党廉洁文化建设是一个持续时间长、实践要求高的过程。要做好党的廉洁文化建设，离不开抓住理论武装这一根本要求，离不开聚焦理想信念这一关键步骤，离不开用好党内政治生活这一重要载体，离不开把好选人用人导向这一基本方针，离不开抓住继承和创新两个关键环节，离不开协同推进制度建设和文化反腐两大抓手。

一、抓住理论武装这一根本要求

"欲事立，须是心立。"重视思想建党是我们党的优良传统和政治优势。我们党的先进性，根本就在于指导思想先进；我们党有力量，也在于思想上有力量。抓好思想教育这个根本，是始终保持党的先进性和纯洁性，不断增强党自我净化、自我完善、自我革新、自我提高能力，确保党始终成为中国特色社会主义事业坚强领导核心的根本保证。习近平总书记在党的十八届六中全会上深刻指出，加强思想教育和理论武装，是党内政治生活的首要任务，是保证全党步调一致的前提。明确抓好思想教育这个根本，为我们进一步加强新形势下党的建设、深入推进全面从严治党指明了前进方向、提供了重要遵循。

首先，要切实发挥马克思主义经典原著在涵养党员正气、淬炼党员思想、升华党员境界上的巨大威力。恩格斯在写给约·布洛赫的信中探讨研究唯物史观的方法时指出"根据原著来研究这个理论，而不要根据第二手的材料来进行研究"，并认为"这的确要容易得多"。苦读是领悟马克思主义经典原著中所蕴含的极为深邃的理论内涵、缜密的逻辑魅力、科学的思维方法的最便捷和最容易的方式。如此一来，对于党员理论学习的要求，要从两方面进行。一方面要在阅读经典的量上提出明确要求，党员不可能有时间和精力逐字阅读所有马克思主义理论原著，因此需要在卷帙浩繁的原著中精挑细选，选择最能体现马克思主义立场、观点、方法的经典篇目，采取为党员开具经典阅读基本书目的方式指导其进行原著的阅读和学习。另一方面，对党员阅读经典的质也要提出刚性要求。要求党员阅读经典，并不是要求党员熟记经典著作的词句，而是要使其深刻领悟经典作家提出理论、阐释理论、运用理论的智慧。

其次，要多措并举，抓好习近平新时代中国特色社会主义思想的学习教育。习近平新时代中国特色社会主义思想谱写了马克思主义新篇章，是21世纪的马克思主义，是指导我们党在新的历史条件下进行伟大斗争、建设伟大工程、推进伟大事业、实现伟大梦想的鲜活的马克思主义，在马克思主义中国化的进程中具有开创性意义。

新时代党员政治意识培育的首要任务就是坚持不懈地运用这一强大思想武器改造自身的主观世界。其一，要将学习贯彻习近平新时代中国特色社会主义思想作为新时代党员政治意识培育的主课，将其贯穿到党员政治意识培育的全过程。重点抓好党员对总书记关于加强党的政治建设的重要论述的学习，着力解决少数党员政治站位不高、政治意识淡化、政治定力不足等问题。其二，充分发挥各级党委（党组）理论学习中心组的龙头作用和各级领导干部带头学习的先锋队功能，努力锻造学习贯彻习近平新时代中国特色社会主义思想的"尖刀班"和"特种兵"，形成以点带面的强大示范作用和辐射效应。其三，推动优质教育资源下沉，落实"一把手"宣讲习近平新时代中国特色社会主义思想的政治责任，组建高水平的理论宣讲团，深入基层开展面对面的理论宣讲。其四，创新方式方法。利用大数据、云计算等新技术，运用微博、微信、客户端等传播平台，以党员身边鲜活的人和事为切入口，贴近其思想、生活实际，以"小事情"为支点，撬动理论真理性的大杠杆，增强习近平新时代中国特色社会主义思想的可感性和可学性，以直抵人心的方式开展习近平新时代中国特色社会主义思想的靶向传播。

二、聚焦理想信念这一关键步骤

古人云："志之所向，无坚不入，锐兵精甲，不能御也。"崇高的理想信念是共产党人的精神命脉和政治灵魂，是锻造共产党的"特殊材料"，是共产党人能够经受各种风险考验、抵制各种腐朽思想侵蚀的精神支柱。有了坚定的理想信念，党员才能炼就金刚不坏之身，在金钱、美色、权力的诱惑面前不为所动。崇高的理想信念对共产党员的政治意识培育有着巨大的激励和推动作用，现实生活中，党员的政治立场出现这样那样的偏差，多数与信仰迷茫、精神迷失有关。新时代培育党员的政治意识必然要从补强其精神之"钙"入手：一是要引导党员信仰马克思主义、共产主义，及时廓清党员的思想迷雾，防止马克思主义过时论、共产主义渺茫论等错误观点对党员政治意识的侵蚀。二是要塑造党员对中国特色社会主义的强大自信，"当今世界，要说哪个政党、哪个国家、哪个民族能够自信的话，那中国共产党、中华人民共和国、中华民族是最有理由自信的"。要以习近平新时代中国特色社会主义发生的历史性变革、取得的历史性成就激励党员，帮助党员树立对中国特色社会主义的强大自信和对党和人民事业必定取得更大辉煌胜利的决心。三是要在艰苦实践中砥砺党员的崇高意志品质，党员理想信念的考核标准不是抽象和虚无缥缈的，而是生动和具体的，要以习近平总书记提出的"四个能否"作为衡量党员理想信念的客观标准，真正让理想信念成为党员心中的"灯塔"，做到虔诚而执着、至信而深厚。

三、用好党内政治生活这一重要载体

一个党员的廉洁意识强不强，同其是否经过严格的政治生活历练密切相关。党内政治生活中若好人主义、自由主义盛行，党员的政治意识必然就弱。相反，党内政治生活中强调原则性、严肃性，党员的政治意识必然就强。严肃规范的党内政治生活既是党员党性锻炼的主要平台，也是培育党员廉洁意识的主要场域。一是要严明党的政治纪律。绝不允许违背党的理论、路线、方针、政策和党中央决定，绝不允许丑化党和国家形象的错误政治言论在党内传播，严肃查处党员违反政治纪律的各种行为，绝不允许党员无视党的政治纪律和政治规矩，借手中职权谋私利，发现一起查处一起，发现多少查处多少，尤其对高级领导干部违反政治纪律的行为要动真碰硬，做到敢管、真管、严管，坚持遵守政治纪律没有特权，执行纪律没有例外，压实各级党组织执行和维护党的政治纪律的责任，对执纪不力的严肃问责，让政治纪律在全党真正立起来，严到位。二是强化问题导向。党内政治生活必须以解决问题为目的，严肃党内政治生活，就是要针对其存在的问题对症下药，要以习近平总书记在党的十八届四中全会第二次会议上讲话指出的"七个有之"的问题表现检视自身，列出问题清单，下大力气加以解决。三是使批评与自我批评成为清除党内政治污染源的锐利武器。改变党内政治生活的批评与自我批评中存在的庸俗化、平淡化、随意化倾向，力戒党内政治生活中存在的自由主义、分散主义、形式主义、好人主义，使党员本着对党负责的态度对身边同志的缺点实事求是地进行批评，让"出汗红脸"成为党内政治生活的常态，增强党员自我批评和党员间相互批评的"辣"味，把党员开展批评和自我批评的质量纳入党员考核标准体系之中，切实增强党内政治生活的战斗性。四是严格党的组织生活制度。党的组织生活是党内政治生活的重要内容和载体，也是对党员进行政治意识培育的重要形式，党员参加一次高质量的组织生活，就获得了一次全面检视和清扫自身政治弊病、增强政治免疫力的党性检修。坚持"三会一课"制度，突出政治学习和党性锻炼，坚决防止党内组织生活的表面化、形式化、娱乐化、庸俗化倾向，强化党员的组织观念。

四、把好选人用人导向这一基本指针

选人用人导向，对党的廉洁文化建设有重要影响。培育党员的政治意识，必须把匡正选人用人导向作为重要着力点。充分发挥正确用人导向对党员政治意识培育的正向激励作用。我们党的历史经验表明，若在选人用人上导向不明、用人不公，党员的政治意识就会邪气滋生。一是要落实党管干部原则，强化党组织领导和把关作用，在干部的选拔任用中以坚强的党性选拔党性坚强的人，严把备选干部的政治关、品行关、廉洁关，坚持"凡提四必"，形成能者上、庸者下、劣者汰的人才流动格局，整饬选人用人的不正之风。二是要突出政治标准。一方面，在发展党员时，要将控制数量、优化结构、提升质量、发挥作用作为入党的基本条件，提高入党门槛。对那些政治不合格、意图在党内牟取私利的人，一个也不能要。另一方面，在考核干部时，要切实把政治标准作为"硬杠杠"，坚决克服选人用人"四唯"倾向，杜绝以其他标准代替政治标准，实行政治不合格一票否决制。三是树立鲜明导向，着重培养和选拔坚决维护党中央权威，全面执行党的路线、方针、政策的干部，使对党忠诚、顾全大局、乐于奉献、敢于担当的干部得到赏识和重用，对轻视政治和落实讲政治不力的党员干部要严肃批评直至问责，让那些不讲政治、在党内培植个人势力、政治野心膨胀、阳奉阴违的消极分子彻底在党内丧失市场，受到严肃惩戒，旗帜鲜明地为政治意识强的党员鼓劲撑腰。四是要从严监督。"严是爱，松是害"，要把党的监督尤其是党的政治监督落实到党员日常的思想、工作、作风、生活状况的方方面面，坚持严管和厚爱相结合，在党内消除党的监督尤其是党的政治监督的真空地带，建立完善、有效的政治监督机制。

五、抓住继承和创新这两个关键环节

党的光荣传统要永远继承，代代守护。我们党在长期实践中形成的党内政治生活的光荣传统，不论过去、现在还是将来都是党的宝贵财富。党的民主集中制的形成和发展就体现了对于党的优良传统的继承。党的二大制定的《中国共产党章程》中就有党员个人服从组织、下级机关完全执行上级机关之命令、少数绝对服从多数的内容。1927年6月，中共中央政治局会议通过《中国共产党第三次修正章程决案》，第一次表述了党的"民主集中制"。党的六大制定和通过的《中国共产党章程》明确指出中国共产党的组织原则为民主集中制，而且第一次规定了民主集中制的三项根本原则。1938年在党的六届六中全会上，针对张国焘违反纪律、分裂红军、另立中央的严重错误，毛泽东同志提出了"个人服从组织；少数服从多数；下级服从上级；全党服从中央"的四个服从要求，为我们党确立中央权威，形成成熟稳定的中央领导集体和核心提供了制度保障。党的七大通过的《中国共产党章程》系统全面地阐发了民主的集中制的科学内涵，指出"民主的集中制，即是在民主基础上的集中和在集中指导下的民主"。1957年，毛泽东同志在《关于正确处理人民内部矛盾的问题》一文中指出："民主和集中的统一，自由和纪律的统一，就是我们的民主集中制。"民主集中制在继承传统的过程中内涵不断丰富充实。我们党开展延安整风运动，遵循的宗旨是：惩前毖后，治病救人。整风的主要方式是开展批评和自我批评。延安整风运动，确立了实事求是的思想路线，使全党在政治上达到空前的团结和统一。在长期实践中，我们党形成了实事求是、密切联系群众、批评和自我批评三大作风。除了党的制度继承发展、不断完善外，党的优良传统和优良作风也逐渐地演变成为我们党必须遵守的规矩。

全面从严治党要求党的建设要不断创新。党的十八大以来，以习近平同志为核心的党中央推进全面从严治党，坚持思想建党和制度治党紧密结合，坚定党员干部的理想信念，抓好"补钙壮骨"，强调抓好党建是最大的政绩，提出了党委"全面从严治党的主体责任"，坚持纪严于法、纪在法前，把纪律和规矩挺在前面，坚持从严管理干部，提出好干部的五条标准，制定出台改进工作作风、密切联系群众的"八项规定"，反对"四风"，提出"把权力关进制度的笼子里"，有腐必反，除恶务尽，坚持"老虎""苍蝇"一起打，严肃党内政治生活，净化党内政治生态，加强党内监督，推进巡视和派驻监督全覆盖等。这些都是抓住创新这个环节取得的突出成果。党的十八届六中全会通过的《关于新形势下党内政治生活的若干准则》则承接了1980年党的十一届五中全会通过的准则，是在继承和发扬我们党在长期实践中形成的制度规定和优良传统基础上的创新，对党的十八大以来党中央推进全面从严治党的理论和实践创新成果进行了集纳，形成了新的制度安排。

党的廉洁文化建设要实现继承与创新的辩证统一，其中继承使党的血脉和红色基因得到传承，创新使党不断焕发出新的活力和旺盛的生命力。两个环节缺一不可，都要抓好。只有不忘初心，开创未来，立足新的实际，不断从内容、形式、载体、方法、手段等方面进行改进和创新，善于以旧的经验指导新的实践，更好发挥党内政治生活的作用，才能努力在全党形成又有集中又有民主、又有纪律又有自由、又有统一意志又有个人心情舒畅的生动活泼的政治局面。

六、协同推进制度建设和文化反腐两大抓手

新时代，中国共产党廉洁文化面临着官本位文化观念浓厚、人情规则牵绊、市场经济负面影响侵蚀、体制机制尚待完善等多重现实挑战，这就决定了中国共产党的廉洁文化建设必须破除对单一路径的依赖，而要综合施策，系统推进。简言

之，每一种治理路径固然在中国共产党廉洁文化的建设中具有其独特的不可替代的作用，但仅仅强调某种策略而不言其他，必然会影响中国共产党廉洁文化建设的实效，也会影响当前反腐败斗争的压倒性态势的巩固。这就对理顺制度反腐与廉洁文化建设，实现二者的良性互动提出了更高要求：一要进一步织密预防腐败的制度体系，将权力关在制度的笼子里，做到反腐有法可依，切实解决制度不健全、制度衔接不畅的问题，为中国共产党廉洁文化建设提供坚实的制度性保障；二要增强制度的执行力度，切实发挥制度在中国共产党廉洁文化建设中的刚性约束作用，以制度的执行力显示中国共产党建设廉洁文化的决心和意志，组建政策执行监测体系和专业的评估机构，提升腐败治理策略的针对性。通过教育、制度、监督等形成相辅相成、相互补充、相互促进的强大合力系统，进而构建起惩防并举、标本兼治的效果全面的整体性反腐倡廉模式。

第三章　高校廉洁文化

　　高校作为知识群体的汇聚之地，是增强文化自信的重要阵地，承载着人才培养、科学研究、社会服务、文化传承创新的功能，担负着提高广大青年学子思想道德文化素质的重任。党的十九大从新时代的战略高度，做出了优先发展教育事业，加快建设教育强国的重大部署。高校特色廉洁文化，是以高校校园、高校网络等为主要活动载体，以高校相关行政人员及师生为主体，以对廉洁文化的道德化认知、价值取向为主要内容，是关于当代中国社会主义先进文化及其指导影响下形成的包含廉洁廉政相关的制度、法律规范、组织、体制、机制、意识形态等在内的高校群体文化，是社会主义先进文化与和谐文化的重要内容，也是廉洁文化的重要组成部分。准确理解和把握高校廉洁文化的内涵与主体，不仅有利于加快高校廉洁文化建设，而且有利于更好地实现新时代高校立德树人根本任务和达成为中国特色社会主义培养合格建设者与可靠接班人这一核心目标，同时对于深入贯彻落实十九届六中全会精神，加强大学生思想道德建设亦有着十分重要的意义。

第一节　高校廉洁文化的内涵

　　在新时代中国特色社会主义实践视域下，高校特色廉洁文化是当代中华廉洁文化基于高校教育实践所形成的社会意识形式，是社会主义文化在高校的体现和延伸。其内涵可分三个层面：一是物质层面，具体包括高校自身所拥有的廉洁文化景观、教育场所，以及所打造的从事相关廉洁教育的师资队伍等；二是制度层面，包括有关高校及高校自身所制定的高校领导、高校教职员工廉洁从政从教的规章制度及行为准则等；三是精神层面，包括有关高校相关领导、师生员工对廉洁文化的认知程度、廉政的思想素质、文化素质、生活观念、价值取向等。

一、物质文化是高校廉洁文化建设的基础和依托

高校作为当代社会的"象牙塔"，自身拥有丰富的教育资源和师资队伍，所以高校廉洁文化教育的"主渠道、主阵地"在于课堂教育。2009年，中央纪委等六部门联合下发的《关于加强廉政文化建设的意见》中明确提出要在"高校思想政治课程标准中明确廉洁教育内容，扎实推进廉洁教育进教材、进课堂、进学生头脑"。不仅思想政治课程，而且专业课、党课团课等课堂也要在知识的讲授过程中有机结合廉洁文化的相关内容。高校教师队伍要将廉洁文化建设作为一项长期性、持续性、基础性的任务，同时结合新时代、新形势下广大师生教职员工所呈现的新特点，灵活教学、持续引导，筑牢思想防线，奠定廉洁文化的知识与素养基础，做到将廉洁文化建设如烹饪中的"盐"一样添加进课堂中。

高校拥有廉洁文化校园景观，利用校园文化建设，充分发挥学生会、社团、学生团支部、党支部等组织作用，发掘廉洁文化元素，积极传递培育"知廉、尊廉、学廉、崇廉"的氛围，利用新媒体渠道如微信平台、网站等宣传廉洁文化及廉洁价值观，多措并举，在校园文化建设过程中同步推进廉洁文化建设。通过发现、宣传"典型"的思想与行为，感召、引导师生选择正确的行为方式，形成良好的教风、学风、工作作风、学术风气乃至校风；通过创建载体、搭建平台，开展形式多样、内容丰富的系列主题教育活动，用具体的实物和场景传播优秀的廉洁精神和文化，启迪思想，震撼心灵。

高校廉洁文化教育还可以最大程度发挥教育平台的作用，通过实地的全方位劳育德育相结合的实践教育方式，引导广大学生积极投身社会实践、"三下乡"、志愿服务、挂职锻炼、精准扶贫等实践活动，在活动中让广大学生体验社会，不断增强其忧国忧民的胸怀，夯实拒腐防变的心理基础，从而在不断的实践中推进高校廉洁文化建设。

二、制度文化是高校廉洁文化建设的框架和保障

高校制度文化包括廉洁文化建设的管理体制、组织机构、生活方式、行为规范、规章制度等。廉洁制度文化通过规范、制约、监督等方式，凝成内聚力和约束力，将师生内心深处蕴藏着的憎腐崇廉的精神导向转化为拒腐行廉的行为标准和目标。以制度文化为立足点，把学习、教育、管理等方面的制度有机结合；把针对廉洁文化建设的考核评估、奖励惩罚、监督制约等环节的机制有机结合，构成一个自律与他律、自觉与强制相统一的长效机制链。就高校特色廉洁文化体系建构的制度维度来说，高校特色廉洁文化体系的构建不仅需要非正式制度文化的软力量，还需要正式制度文化的硬性保障。硬性制度文化建设的一个重要特点在于它的长期性和稳定性，一旦制度确定下来，被人们所遵守，它发挥的作用就会是长期和稳定的，不会出现大的波动。

在高校特色廉洁文化体系中，"制度"是一个重要的中枢环节。对高校教师以师德师风建设为重点，以学术腐败为耻，以爱岗敬业为荣；对高校大学生则以普通高校学生行为准则为依据，按照廉洁文化知识、意识、道德品质、生活实践等分项内容及其标准渗透于学生在大学校园生活教育的全过程，营造以腐败为耻的"耻感文化"校园氛围。高校廉洁文化为高校廉洁制度提供了根本的底气和支撑，廉洁文化是一种软实力，是一种黏合剂，它为廉洁制度的进一步发展降低了成本，增强了融合力。而制度则是一种硬实力，它为廉洁文化的稳定和长期发展提供了科学硬性保障，使它们始终朝着正确的轨道发展。

三、精神文化集中反映了高校廉洁文化的价值取向

"大学精神"的本质特征概括为创造精神、批判精神和社会关怀精神，其核心是培养有抱负、有政治远见、有广博知识、有责任心的人。大学精神是一所大学的灵魂精髓和品格魅力，它不仅包含人文精神、科学精神、创新精神三个层面，还应包含廉洁精神，如尊重科学不唯权、唯才是用不滥权、崇尚民主不专权、严谨朴实不奢华、求真求实不浮夸、清正诚信不欺诈等。只有把这些廉洁精神在办校宗旨、

教育理念、校训、制度规范、人才培养方向等方面彰显出来，大学精神才能更具有感召力、凝聚力和生命力。至廉而威，只有建立在廉洁公正基础上的大学精神，其内涵的各种宗旨和要义才能落到实处、走向深处，才能使大学走得更正道、更长远。

大学精神是高校治学之魂，廉洁精神是大学精神的主脉，而精神文化集中反映了高校廉洁文化的价值取向。高校廉洁精神文化建设，必须在高校的党风廉政建设、教育法治建设和教风学风建设上下足功夫，用习近平新时代中国特色社会主义思想武装高校群体，统领廉洁文化建设，把廉洁精神文化的内涵实质落实到高校党的建设、思想政治教育、学科建设、科技创新、人才培养的各项工作中去。以党员干部为重点，以教师学生为主体，发挥领导干部的主导作用、学科教师的引导作用、先锋人物的示范作用，不断增强廉洁精神文化建设实效。廉洁文化教育本身在思想政治理论课体系中就占有举足轻重的地位，而通过深化课程体系、教学内容，以及进行教学方法的改革，能够最大限度发挥思想政治教育课和哲学社会科学课主渠道、主阵地、主力军的作用，进而去引导学生自觉抵御庸俗文化、物欲文化、腐败文化的侵蚀，筑牢拒腐防变的精神防线。因此，廉洁精神文化所倡导的价值观、精神理念、道德准则，对人们的思想观念、道德情操、社会意识具有辐射和导向作用，能够通过文化的自身规律和高校特有的传播渠道渗透、影响师生。

综上所述，高校廉洁文化内涵的三个层面相辅相成、互为补充。物质层面是高校廉洁文化的基础，也是客观的物质保障；制度层面是一种规范保障；精神层面居主导地位，是高校全体师生职工共同的价值观、思维方式、审美观和意识形态。

第二节　高校廉洁文化的主体

高校廉洁文化的主体可分为责任主体和建设主体。其中，党委是高校廉洁文化的责任主体，学生、教师和科研人员、高校管理者则为高校廉洁文化的建设主体。

一、党委：高校廉洁文化的责任主体

党的十八届三中全会明确提出："落实党风廉政建设责任制，党委负主体责任，纪委负监督责任。"习近平总书记在十八届中央纪委三次会议上对此做了深刻论述，强调党委是否落实好主体责任直接关系到党风廉政建设的成效。高校党委是廉洁文化建设的责任主体，担负着全面领导廉洁文化建设的政治责任。党委落实好党风廉政建设主体责任，对于加强高校党风廉政建设和反腐败斗争，完善发展现代大学制度，推进学校治理体系和治理能力的科学化，具有十分重要的意义。党委的主体责任包括主体结构、责任内容和主体能力。

从主体结构上看，党委的主体责任主要包括三个方面，即党委领导班子的集体责任、党委主要负责人的第一责任、分管领导班子成员的领导责任。党委领导班子对职责范围内的党风廉政建设负全面领导的集体责任，必须把党风廉政建设作为党的建设的重要内容，与业务工作、思想政治建设、校园文化建设紧密结合。领导班子主要负责人是职责范围内党风廉政建设的第一责任人，对党风廉政建设必须做到重要工作亲自部署、重大问题亲自过问、重点环节亲自协调。领导班子的其他成员根据工作分工，履行"一岗双责"，必须对职责范围内的党风廉政建设负主要领导责任。

从主体能力上看，党委的主体责任指各级党委建立完善腐败治理体系和实现腐败治理能力现代化的领导力。党要管党，才能管好党；从严治党，才能治好党。抓好党风廉政建设和反腐败斗争，关键在党。坚持党的领导是加强高校廉洁文化建设的根本政治保证。目前仍存在高校党委作为责任主体界限不明晰、有责任无主体等问题。这就要求高校党委要认真履行主体责任，进一步强化党的政治建设，始终坚持正确的办学方向，坚持和完善党委领导下的校长责任制，加快构建高质量党建工作体系，加强思想理论武装，强化校园廉洁文化建设，将廉政文化建设作为基础性工程来抓，发挥好高校在净化社会风气中的带动和辐射作用。强化党风廉政制度建设，深化标本兼治，夯实治本基础，严格落实党风廉政建设责任制，建立健全保障制度落实的长效机制。

二、学生：廉洁修身

高校大学生是高校群体中数量最多、地位最重要的人群，是高校赖以生存的基础，也是高校廉洁文化建设的主体。它与高校管理干部廉洁从政文化、高校教师廉洁从教文化同属于高校廉洁文化。根据所处的学习阶段不同，学生可分为本科生、硕士生和博士生。习近平总书记指出："青年是整个社会力量中最积极、最有生气的力量，国家的希望在青年，民族的未来在青年。"高校青年学生是国家宝贵的人才资源，是民族的希望，是未来社会的中坚力量，肩负着人民的重托和历史的责任。高校学生作为引领社会风气的最活跃的群体，始终是社会中最为积极、最有觉悟、最有朝气、最有思考力的重要力量。廉洁修身是社会对高校学生的殷切期望。加强高校廉洁文化建设，营造风清气正的政治生态，需要调动和发挥高校学生的积极性、主动性和创造性。当前高校存在学生廉洁修身意识淡薄，对廉洁知识和修身要求缺乏系统、深入的了解和认知的现象。在学校开展的廉洁文化活动中，许多学生参与积极性不高，主动参与的愿望不强烈，对待廉洁文化教育的意义和目标认识模糊。有些学生信奉"权力至上""金钱万能"的人生哲学；有些学生入党动机不纯；有些学生在考试中作弊、在论文写作中抄袭，违反校纪校规、学术规范和学术道德；有些学生甚至在学生干部选举过程中拉选票，在就业过程中"拉关系、走后门"，靠"钻营"取胜；还有些学生法律意识淡薄，法律观念不强，对腐败现象的认识不够客观、全面和深入。

鉴于此，高校加强廉洁修身文化建设，必须从培养人的高度，加强对学生的廉洁教育；必须从价值追求和自觉修身的高度，加强对学生廉洁修身文化建设。尤其是针对学生这个特定主体，高校应借助文化的力量，培养大学生廉洁自律的思想观念，强化大学生廉洁修身的意识，规范大学生的言行举止，使其思想和行动始终遵循正确的理想信念、道德观念和法治意识。以此来主导和影响大学生的价值准则、伦理道德、行为规范、思维模式，树立崇高的理想情操和良好的道德修养，形成正确的世界观、人生观、价值观和利益观，不断提升大学生的廉洁修养，促使大学生自觉做到诚实守信、廉洁自律、修身立德，自觉抵制腐朽思想的侵袭。

三、教师和科研人员：廉洁从教、廉洁从业

教师是高校办学育人的主体，也是高校廉洁从教的主体，肩负着教书育人的社会重任。在教学中，教师的人格力量和人格魅力是教育获得成功的重要条件。建设高校廉洁文化，离不开广大高校教师的积极参与。在高校，教师作为履行教育教学职责的专业人员，不但承担着教书育人、培养社会主义事业合格建设者和可靠接班人、提高民族素质的神圣使命，而且还肩负着发展科学技术文化，促进社会主义现代化建设的重要职责。高校教师在教书育人、科学研究、学术活动和日常生活中形成的以廉洁自律、公平执教、严谨治学等为主要内容的廉洁从教文化，深刻反映了高校教师在日常工作、生活中的价值取向、精神追求、思维方式、行为习惯和环境氛围。

青少年阶段是人生的"拔节孕穗期"，最需要精心引导和栽培。高校教师思想政治状况具有很强的示范性，其言谈举止是学生最直接、最生动的"活教材"。高校教师在工作生活中做到廉洁从教，不仅直接关系到高校的和谐和稳定，而且还潜移默化地影响着广大学生廉洁价值观的养成。因此，加强高校教师廉洁从教文化建设，不仅是高校科学发展的现实需要，同时也是培养德智体美劳全面发展的社会主义事业合格建设者和可靠接班人的内在要求。因此，高校廉洁文化建设要求教师加强师德师风建设，强化道德修养，依法执教，学为人师，行为世范，把廉洁从教作为教书育人的准则；要求高校教师准确认识新时代教育的目标要求，把教书育人与自我修养结合起来，不断提高个人思想政治素质、职业品德修养和廉洁自律自觉，主动承担传播知识、传播思想、塑造灵魂、塑造生命、塑造新人的时代重任，争做以德立身、以德立学、以德施教、以德育德的楷模，真正做到用科学的理论引导人、用廉洁的理念教育人、用先进的文化熏陶人，从而成为学生健康成长的指导者和引路人。

科研人员也是高校廉洁文化建设的主体之一，主要指在高校专门从事科研工作的人员。廉洁从业即要求高校教师在科学研究、学术活动和日常生活中廉洁自律、公平执教、严谨治学，不利用科研和学术活动为个人、个别学生、单位谋私利，树立正确的学术道德观和价值观，遵守学术规范，严谨治学，崇尚学术，自觉抵制学术腐败，维护学术尊严。高校廉洁文化对高校科研人员从事科研工作、开展学术活

动发挥着导向、激励和约束功能，对高校抵制学术腐败、营造廉洁校园风尚、服务经济社会发展具有积极的促进作用。

四、高校管理者：廉洁从政

作为高校廉洁文化建设的主体之一，高校管理者是高校各项工作的领导者、组织者，也是高校廉洁文化建设的发起者、组织者和推动者，在高校廉洁文化建设中具有示范带动作用。高校管理者能否做到廉洁从政，关乎高等教育的科学发展，关乎服务经济社会发展作用的有效发挥，关乎教育规划纲要的贯彻实施。这就要求高校通过加强廉洁文化建设，增强高校各级管理干部的廉洁自律、廉洁从政意识和拒腐防变的能力，规范其廉洁从政的行为，树立领导干部正人先正己、秉公用权、廉洁从政的价值理念，使其做到率先垂范、防微杜渐，坚持把廉洁从政教育贯穿于高校干部的培养、管理和选拔全过程，持续强化党员干部的党性意识和党性修养，教育引导行政管理人员以修身为本，以养廉为根，自觉践行党的宗旨，反对形式主义、官僚主义和享乐主义，不断提高自身拒腐防变和抵御风险的能力，始终保持高尚的政治品格和廉洁操守，进而做到廉洁从政、廉洁用权、廉洁修身、廉洁齐家。

此外，高校廉洁文化建设的主体还包括高校"双肩挑"人员，即由教学科研队伍中选拔出来从事党政管理工作的同时兼任教学科研工作的人员。他们不仅是高校教师队伍的重要组成部分，同时也在学校各职能部门担任中层管理工作。这种特殊的身份，决定了他们不仅扮演教书育人的角色，同时作为学校权力的掌握者，他们在资源调配、人际关系协调等方面比其他专任教师拥有更多的机会和条件。因此，他们在高校廉洁文化建设中具有特殊的地位和作用。

第三节 高校廉洁文化的特征与功能

高校廉洁文化是社会主义先进文化在高校的集中体现和反映，它是以廉洁思想和廉洁精神为核心，以高校独特的对象、环境、制度和实践活动为载体，以推进廉洁治校、廉洁治教、廉洁办学为目标，以促成高校管理者廉洁行政、教师廉洁从教、学生廉洁修身为核心的廉洁理念制度和行为价值取向的文化总称。

一、高校廉洁文化的特征

高校廉洁文化以廉洁制度为保障，以廉洁道德标准为约束，以校园文化为载体，具有传承性、引领性、综合性、高层次性、辐射性、针对性、多层次性和创新性等特征。

1. 传承性

高等教育是优秀文化传承的重要载体和思想文化创新的重要源泉。中国传统廉洁教育文化具有生生不息、历久弥新的品质，是永不枯竭的道德教育资源。高校廉洁文化是中华优秀传统文化的精神结晶和道德传承。高校在进行廉洁教育的过程中，无论是课程教学体系、理念和方案，还是师生教与学育人实践的始终，都有形或无形地运用、吸收和借鉴了前人的实践和经验总结，凝结了前人和后人的智慧、力量。高校在廉洁文化的熏陶下将形成一种独特的精神作风和气质。这种精神作风和气质一旦形成，将被承袭下去，成为这个群体共同的行为准则和道德规范。若高校能坚持不懈地传承优良的廉洁文化基因，管理者作风清廉，教师坚守"立德树人，育人为本"的教育宗旨，学生树立修身自律、崇廉尚德的精神品格，那么，高校和谐的廉洁生态育人环境的形成将指日可待。

2. 引领性

《国家中长期教育改革和发展规划纲要（2010—2020年）》强调，要"积极推进文化传播，弘扬传统文化，发展先进文化"。青少年阶段是人生的"拔节孕穗期"，是世界观、人生观、价值观形成的关键时期，处于这一时期的大学生受知识结构、社会阅历的局限，面对光怪陆离、复杂多变的社会表象，容易产生成长的烦恼、迷茫、困惑。同时，伴随着社会变迁加剧，大学生的价值观开始由群体本位向个体本位偏移，由理想主义向现实主义转变，由单一型向多元化发展。而高校廉洁文化教育通过精神理念、价值取向、道德准则等教育，引导学生扣好人生第一粒扣子，牢固树立积极向上的人生观、世界观和价值观，主动筑牢精神屏障，塑造廉洁的好品质，拒斥功利主义、实用主义，增强对腐败的免疫力，站在人格高地，保持清风正气。

3. 综合性

高校廉洁文化的综合性不仅源自其科学完整性，而且取决于高校特殊的对象和文化环境。它既有廉洁的一般特点，又有自身的综合特性。综合性体现为思想和行为评价方式的多元化，它涵盖普及性、职业性、权利性、学术性和公共性特征，涉及廉洁理念、制度、实践和与之相应的行为规范等内容。普及性表现于对全校良好廉洁氛围的营造功能，以及遵守并践行社会公德，以健康向上的文化正能量充实师生的精神世界。权力性表现在约束公权掌管者，使其遵行克己奉公、严以律己、严以修身、严以用权原则。职业性体现在从教者爱岗敬业、严以从教、严谨治学，学生勤奋好学、诚信友善、文明礼貌。学术性体现在师生能恪守学术道德规范，尊重知识产权，杜绝造假、抄袭、剽窃等不良行为。公共性体现在高校的行政、机关和院级组织工作秉持公平、公正和公开透明原则，作风正派、求真务实。

4. 高层次性

高校是传播社会先进文化和高层次人才教育的基地，是高等教育的重要组成部分和发展延伸的重要途径，发挥着独特的教育功能，其培养的人才也将是未来社会各领域的精英。高等教育是由各类高等院校提供，建立在中等教育基础之上，以培养高级专门人才为目标的教育。因此，高校教育是为培养高层次、高规格的人才服务的，其本质和内涵决定高校人员应具备高层次性，他们属于接受高等教育的大学生、不同学科专家、学者和高级知识分子，是廉洁文化的学习者、传播者和发展者，是高校廉洁文化建设的主体。这种主体对象的高层次性，决定了高校廉洁文化的高层次性和先进性。广大师生不仅是廉洁文化的实践者，也是廉洁文化的研究者和创造者，并通过他们的创造性工作，促进高校廉洁文化的不断发展。

5. 辐射性

廉洁文化作为一个系统，在发挥内部作用的同时，也要受到外部环境的影响，并对外部环境产生反作用，从而对社会公众、社会组织产生一定的影响，进而构成整个社会文化的一部分。高校作为培养人才的重要基地，是社会主义精神文明建设的重要阵地，是弘扬先进文化的前沿，高校通过文化的传播与创造，促进学生成长成才。随着成千上万的大学生源源不断地走向社会，他们在用知识和技术服务社会的同时，也把内化于心的廉洁精神与价值观念扩散和渗透到社会，促进社会主义廉洁文化的建设和发展。

6. 针对性

高校廉洁教育具有针对性，是因为教育的根本原则就是针对性，也是因为廉洁教育所针对的主体就是师生。高校在开展廉洁教育的过程中，不仅要加强廉洁知识、理论和与之相应的行为方式宣传，而且要根据高校师生实际现状，契合师生独有特征，有目的、有意识和有计划地设置廉洁文化教育课程，设计有针对性的廉洁教育、实践活动内容。在廉洁教育中遵循大学生的身心发展规律、针对不同的文化层次及职业发展走向，开展适宜的廉洁文化教育课程和实践教育活动。笔者通过调查发现，部分高校早已着手对不同阶段的大学生进行有针对性的廉洁教育：对于低年级的学生，主要教育其诚实守信，进行法律法规常识教育；对于高年级的学生，因其即将迈入社会，因此，更多的是对其进行职业道德和廉洁自律教育，合理调节其因社会矛盾引起的心态失衡问题。

7. 多层次性

高校廉洁文化建设的主体包括高校教师、行政管理人员和学生，呈现出建设主体的多层次性。这种多层次性，决定了其认知能力的差异和廉洁教育需求的不同，进而使得高校廉洁文化建设的重点、内容和形式也呈现多层次性。因此，高校加强廉洁文化建设，应结合不同层次人群的实际特点，在廉洁教育重点、教育内容和教育方式的选择上有所不同，既有高校廉洁文化建设统一的部署和要求，亦有可能根据不同层次人群特点，通过开展各具特色、各有所需的廉洁文化建设活动，从而增强高校廉洁教育的针对性和实效性。对于学生，通过加强廉洁修身教育，使其诚实守信，正直自律；对于教师，通过加强廉洁从教教育，使其学为人师，行为世范；对于行政管理者，通过加强廉洁从政教育，使其秉公用权，勤政廉政。这样才能在推进高校廉洁文化建设中充分发挥高校师生员工的主体作用，促进校园和谐的建设和人的全面发展。

8. 创新性

创新是一个民族进步的灵魂，是一个国家兴旺发达的不竭源泉，也是中华民族最鲜明的民族禀赋。高校作为我国原始创新的主渠道和创新人才培养的主阵地，决定了高校教育要承担起传承和创新的重要历史使命，不断创新廉洁文化教育模式、渠道和内容，在承袭优良传统廉洁文化精华的基础上创新和发展高校廉洁文化，使高校师生对廉洁文化产生强大的文化自觉、文化认同和文化自信，内外合一，使廉洁文化深深扎根于心，引领师生廉洁前行。

此外，高校廉洁文化还具有时代性、伦理性等特征。

二、高校廉洁文化的功能

高校廉洁文化作为高校社会主义政治文明和精神文明建设的重要组成部分，反映了当代中国先进文化的价值取向，对高校净化校园育人环境，更好地教育人、培养人具有重要的作用。

1. 导向功能

高校廉洁文化注重通过积极倡导以廉洁为标志的世界观、人生观、价值观来引导高校师生的行为，使其在廉洁文化的熏陶下，在潜移默化中接受共同的价值观，自觉做高校廉洁文化的拥护者和实践者。这种导向功能，使师生对于哪些应该做、哪些不应该做，哪些可以做、哪些不可以做更加清晰明了，反过来亦是对那些不应该做、不可以做的行为的一种遏制，也是对一些不正确的观念的一种纠正。

高校廉洁文化基于其导向功能进而阐发出鲜明的指向性和强大的辐射力，通过影响高校主体的意识世界，在其心中培育清正廉洁的理念，促使其形成自身的价值追求，凝结成群体廉洁目标，深化为社会道德风尚，发挥出强烈的教育导向功能。这种导向功能从价值机理、道德品质、情操修养、行为习惯等层面，规范与控制着高校主体的态度和意志力、行为和执行力。它也引导高校师生避害趋利，在多元化社会中取舍文化遗产中的精华与糟粕，引导人们从根源上遏制腐败意识的产生。但是针对高校不同人群，高校廉洁文化建设要通过增强内在的引导性、实效性来进行分类指导，突出重点人群。

新时代高校特色廉洁文化以马克思列宁主义、毛泽东思想、中国特色社会主义理论体系、习近平新时代中国特色社会主义理论为"灵魂"，以社会主义核心价值观为指引，致力于营造有利于高校思想政治工作、精神文明的环境以及和谐校园风气。通过将特色廉洁文化融入校风、教风、学风、领导作风等方面，以高尚的道德规范、明确的价值追求、严明的行为规范、鲜明的价值评判引导师生员工，落实高校立德树人的根本任务。对于高校管理人员，通过加强引导廉洁从政文化建设，使其勤政廉政、秉公用权；对于教师，通过加强引导廉洁从教文化建设，使其学为人师、行为世范；对于学生，通过加强引导廉洁修身文化建设，使其诚实守信、廉洁修身，为今后廉洁从业、廉洁从政打下思想基础。高校是传播和创造知识的神圣殿堂，发挥着人才培养、科学研究、社会服务和文化传承创新等重要作用，因此，高校廉洁文化是整个社会廉洁文化产生、发展的源泉和动力，在更高层面上对整个社会的廉洁文化的研究、创造、实践具有导向性。

教育是"触及灵魂"的工作，有教育必然有交流，有交流必然有影响，有影响才有引领。高校廉洁文化通过引导广大师生树立廉洁价值观念，带领师生践行廉洁行为，并将其贯穿于师生教和学的始末，进而发挥高校教育导向的功能。

2. 教育功能

高校是传播文化的福地，教化育人的精神殿堂。教化、感化和同化是高校廉洁文化的根本作用之一。近朱者赤，近墨者黑。人长期接触或受一种物质、思想和环境影响，就会造成人的思想、品行等被该物质濡染，甚至渐趋同化。文以化人，技以立身。高校开设廉洁文化课程，教师传道授业解惑，培养学生"以廉为荣，以贪为耻"的思想观念，提升其道德修养，使其发扬无私奉献精神，这都体现着高校廉洁文化教化育人的重要功能。

高校廉洁文化是文化的普遍性、廉洁的时代性和高校群体的特殊性三者的有机结合体。它着重倡导以马克思主义的先进思想文化、中华优秀传统文化精髓来教育和塑造新时代的社会主义接班人。习近平总书记指出："一个人的清正廉明，从根本上讲不能完全靠外部约束,而要靠自觉自律。自觉自律是人向上向善的内在动力。"形成廉洁的自觉自律一个很重要的方面就是要加强思想教育,把学习习近平新时代中国特色社会主义思想作为最重要的内容,通过科学有效的教育方式内在地促进高校师生在廉洁修身方面从自发走向自觉。

高校教育一方面能够提高大学生的科学文化水平,另一方面能够提高大学生的思想道德水平。为此,高校教育要通过科学的教育手段使二者有机地统一于廉洁文化建设的实践之中,确保实现两手抓、两手硬、两手赢的重要目的达成。高校通过廉洁文化教育,培养大学生崇廉尚洁的道德信念,帮助大学生树立正确的权力观、地位观和利益观,从而更好地完成大学立德树人的根本任务。因此,廉洁文化教育必须落实到位并成为高校校园文化建设的重要组成部分。通过营造廉洁文化助推和谐校园建设,牢牢抓住高校培养社会主义事业的建设者和接班人的重要任务,进而落实全面从严治党的战略要求和科教兴国的重大任务。

3. 净化功能

高校是一个制度严明、依规循矩的事业机构,无论是师生言行规范,还是文化课程都有章可循、有法可教和有制可依。高校廉洁文化既规范大学生思想,纠正其错误意识,约束其不良价值观形成,也通过柔性的教育手段净化其思维和行为。它虽无硬性的文字规约、强制的限定,但却潜移默化地改变着大学生的生活和学习方式。同时,高校各项提倡廉洁文化的号召规定,不仅在学生日常思想品德、行为规范中潜移默化地发挥作用,而且慢慢令师生对廉洁制度体系怀有敬畏感和责任感,以其无形、无声的感染力和渗透力来营造大学师生的共同价值理念和道德观念,引导并规范高校师生的思想和行为,从而使高校师生不断调节自己的人生态度和行为方式,无形中净化了高校的理论和实践环境。

高校廉洁文化通过激励师生坚定廉洁价值追求,转变师生观念,把廉洁的种子植入师生心智,让廉洁文化生根发芽,形成人人思廉、人人守廉、人人倡廉、人人保廉的良性循环,积极倡导健康向上的美德文化,对师生的思想、情感和行为动机产生有效的引领。高校廉洁文化象征着文明美德,代表健康向上的文化,其必然能纯洁师生动机,洗涤浮杂心灵,维系廉洁动能,培育廉洁目标信念,激励师生廉洁行动,实现建立清正廉洁的高校环境的最终目标。

4. 约束功能

高校廉洁文化的约束功能包括硬约束（制度环境的约束）和软约束（人文环境的约束）。软约束虽不具有强制性，但它一旦在高校师生中产生心理共鸣，进而起到对行为的自我约束和控制的作用，就会产生强大的、积极的、相对稳定的持久影响，并且往往能收到更好的效果。高校廉洁文化就是运用优秀的传统廉洁文化、先进和谐的现代廉洁文化的影响力，来陶冶高校师生的思想情操，最终通过这种"看不见"的软约束，从源头上来预防腐败现象的发生。

高校廉洁文化是一个包含了道德修养、共同思想基础的综合体，在众多教育实践中展现了其对高校群体约束管理的强大生命力。它以道德修养文化的形式成为个体自我约束的基础，并将责任义务集于一体，督促师生互相监督自觉遵循廉洁要求，指引师生建立起良好的品德及高尚的追求，从而形成师生的荣辱观和正确的价值评判标准。同时，廉洁文化以共同思想基础的形式促进师生形成廉洁文化共识和自觉，激发其相互监督，鼓励其对身边非廉洁言行进行监督制衡，并鞭策其将廉洁思想落实到生活实践中，进而强化廉洁育人的功效。

高校廉洁文化的约束功能在具体实践中体现在三个层面：一是精神层面，既能帮助师生树立廉洁意识，又能更新其行为方式，为师生精神追求指明方向；二是制度层面，可规约师生的言行，深化师生对校纪校规、党纪国法的理解，让自身思想行为有所参照比对，也能更好地评判自身的思想和行为方式是否符合廉洁制度文化，从而促使大学生自觉规正言行，确保长期坚守高校廉洁制度；三是行为层面，能为大学生的行为方式提供是非善恶、曲直真假的评判标准，引导大学生遵照廉洁行为标准，不断修正自身的行为，形成"有则改之，无则加勉"的廉洁氛围。

5. 凝聚功能

高校能成为一个文明有礼、团结统一、和谐友善和求知求新的育人圣地，靠的就是文化的凝聚。高校在传承廉洁文化的过程中，倡导师生形成一致的正向价值理念，鼓励管理者廉洁奉公、教师学术诚信和大学生明德有礼，凝聚师生共识，共建廉洁氛围，形成反腐崇廉的共同情感，从而迸发高校不同层级和群体的向心力、战斗力和凝聚力。高校廉洁文化能在传承我国优秀传统文化精髓的基础上，凝聚新时代中国特色社会主义先进文化，提升并保障高校人才培养质量，促成正确"三观"的确立，强化高校教化育人的工作使命感，为中国特色社会主义教育实践不断提供理论创新和创造，从而促进整个高校和谐环境的维稳。

作为一种开放的文化形态，高校廉洁文化具有宽广的包容性，它能够海纳百川般把高校群体吸收过来、聚集起来、联动起来，产生强大的吸引力、向心力、聚合力，这有利于实现理念趋同、价值趋同、规范趋同、行为趋同。高校廉洁文化的基本理念、价值观念及行为规范一旦被高校师生认同，就会成为一种共识、一种黏合剂，形成凝聚力。廉洁文化凝聚功能的内在动因，是高校师生强烈的责任意识。这种凝聚功能，会使高校群体进一步树立正义感、使命感和荣誉感，使大家自觉成为廉洁文化的建设者和倡导者。同时，这种凝聚功能还具有排他性，是对"不廉洁文化"的一种排斥，即对落后思想、腐化堕落、损公肥私、损人利己、违反纪律与共同价值观、不守诚信等现象的排斥。

第四节　新时代高校廉洁文化建设的意义

高校作为知识群体的汇聚之地，是建设先进文化的重要阵地，承载着人才培养、科学研究、服务社会、文化传承创新的功能，担负着提高全民族思想道德文化素质的重任。党的十八大以来，中国特色社会主义进入了新时代，以习近平同志为核心的党中央高度重视廉洁文化建设，各级地方部门积极担负起廉洁文化建设的政治责任，并取得了显著成效。2022年1月，十九届中央纪委六次全会在部署2022年纪检监察工作时明确提出"加强廉洁文化建设"。2022年2月中共中央办公厅印发的《关于加强新时代廉洁文化建设的意见》明确指出："要发挥廉洁教育基础作用……弘扬崇廉拒腐社会风尚，运用新媒体新技术传播廉洁文化……拓展利用廉洁文化资源。"2022年10月16日，党的二十大报告中指出："深化标本兼治，推进反腐败国家立法，加强新时代廉洁文化建设，教育引导广大党员、干部增强不想腐的自觉，清清白白做人、干干净净做事，使严厉惩治、规范权力、教育引导紧密结合、协调联动，不断取得更多制度性成果和更大治理效能。"廉洁文化建设日益得到全党及全社会的高度关注。高校作为廉洁文化建设的主阵地、"三全育人"的重要场所，深入推进大学生廉洁文化教育是高校思想政治教育的首要任务，是社会反腐倡廉至关重要的中心环节。加强高校廉洁文化建设，发挥好高校在净化社会风气中的带动和辐射作用，对推动新时代廉洁文化建设深入开展具有重要意义。

一、高校落实立德树人根本任务的内在要求

"立德树人"是高校立身之本和人才培养的核心任务。清正廉洁是中华民族的传统美德。廉洁文化作为一种道德修养和价值观，始终引导着人们的价值取向，引领着良好社会风尚的形成，既在立德也在树人，是高校立德树人这个根本任务的重要范畴。2018年9月，习近平在全国教育大会上再次强调："坚持中国特色社会主义教育发展道路，培养德智体美劳全面发展的社会主义建设者和接班人。"高校是培养社会主义接班人的摇篮，是传承文明与建设廉洁文化的重要阵地。在新时代全面深化改革的背景下，青年学生思想活跃、想象力丰富，但正确的金钱观、利益观、价值观尚待确立，容易出现因受到官本位、金本位等不良社会思想的冲击和裹挟而自我放纵、自甘堕落的倾向。因此，在新时代，要把加强廉洁文化教育融入高校立德树人全过程，把以文化人、以德育人深刻融入专业学习、理论教育、社会实践、培根铸魂的过程中，不断增强青年学生明大德、守公德、严私德的自觉性和坚定性，有力引导青年学生树立为人民服务、为社会服务的正确价值导向，真正解答好培养什么人和为谁培养人等高校育人的根本问题。与此同时，高校进一步加强廉洁文化建设，大力弘扬廉洁文化，培养和提高青年学生的廉洁文化素质，引导青年学生明大德、守公德、严私德，使廉洁价值观成为青年学生成人、成长、成才的价值中枢，提高对大学生廉洁教育水平成为新时代高校育人的一项重要任务，也是高质量培育能够担当民族复兴大任的忠诚、干净、担当的廉洁型时代新人的必然要求，更是贯彻"立德树人"根本任务的务实之举。为此，在新时代，高校开展廉洁文化建设与高校的发展及人才培养的核心任务"立德树人"是并行不悖的。

二、构建社会主义和谐校园的现实需要

社会主义和谐校园的构建需要发挥和谐文化的重要作用，廉洁文化作为和谐文化的重要组成部分，廉洁文化建设承担着润心育人和引领校园文化的重要任务。为此，构建社会主义和谐校园必须大力加强高校廉洁文化建设。社会主义和谐校园的构建，要求高校必须有一个清正廉洁、公平正义、安定有序、诚信友爱的校园环境，学校上下同心，凝聚和谐发展合力。营造良好的校园文化氛围，全面建设和谐校园，强化学生思想是学校廉洁文化建设的重要目的之一，其中还包括加强学生的思想、价值观、习惯等方面的清廉和行思的公平正直。廉洁文化建设也体现在校园文化内涵上，廉洁文化建设加快了校园文化建设进程。利用学校教育资源优势建设廉洁文化，把学生价值观、道德素质、清廉思想的建设孕育在廉洁文化建设中，进一步发展校园廉洁文化的内涵。与此同时，在高校中对学生进行遵守考试纪律、诚实守信、廉洁、自律的教育也是清廉文化建设的重要组成部分。在学生中宣传和构建廉洁价值观，使其遵守规章制度，形成廉洁、诚实、守信的思想品德和良好习惯，全面建设良好校风，推进和谐校园建设。此外，清廉文化建设也是规范管理学校、组成学校道德规范的基础。高校廉洁文化建设要求高校管理者遵纪守法、依法治校，处事公道、公正透明，以身作则、勤政廉洁，为构建社会主义和谐校园创造一个运转协调、管理高效，具有民主、法治和开放精神的校园，营造人人平等的良好校园氛围。因此，廉洁文化建设作为构建和谐校园的基础性工程发挥着至关重要的作用。

三、高校建设和发展顺利进行的重要保证

高校是开展廉洁文化建设的主要阵地，在建设廉洁文化的进程中占据着十分重要的地位。而廉洁文化建设通过发挥其润心育人、价值引领的作用又可以为高校的建设和发展营造一个良好的环境。进入新时代，随着高校规模的扩大，高校的管理更加复杂化，内部管理体制和监督机制还不够完善，管理制度还存在漏洞，出现了许多新情况和新问题，使得腐败案件时有发生。再加上我国正处于经济体制转型

和社会结构变革的时期，立足新发展阶段，贯彻新发展理念，构建新发展格局，迫切要求高校的管理沿着科学化、法治化、人性化和民主化的轨道发展。这就必然要求高校加强廉洁文化建设，通过廉洁文化建设，以严格党纪监督人，以有序政纪要求人，以完善机制约束人，以正确价值观规范管理者的思想和行为，促使每一个管理者"知耻""慎独""自警""自省"，充分认识自己在学校建设和发展中应该担负的责任，从而推进管理工作的法治化水平，使管理工作符合国家的法律法规，进而不断健全和完善管理制度，弥补缺陷，真正做到按制度办事、靠制度管人。与此同时，高校规模扩张带来的直接影响便是高校与社会的交流日益密切，在高校建设和管理中经济活动往来十分频繁，且涉及金额巨大，这就难以避免社会上的不良风气对高校校园的影响，拜金主义、享乐主义蔓延到一些人身上，出现了剽窃他人成果、招生勒索钱财、购置教材设备索取巨额回扣、职称评审弄虚作假、巧立名目乱收费等各种不良现象。要想阻断诸如此类问题在高校的蔓延，就要将廉洁文化建设渗透在学校办学的各环节。高校通过廉洁文化建设，大力倡导其所包含的廉洁精神、廉洁观点、廉洁道德、廉洁准则等，发挥其对反腐倡廉的导向和支撑作用，对校园人精神境界的提升作用，引导校园人尤其是高校管理者自觉地严格要求自己，深化廉洁自律意识，自觉抵制腐败，为党风廉政建设和反腐败工作的顺利开展创造良好的校园环境。因此，在高校开展廉洁文化建设，充分发挥文化育人的重要功能，能够在一定程度上确保学校建设和发展的顺利进行。

四、繁荣和发展校园文化的需要

校园文化是一所学校生存和发展的根基和命脉。每所学校在发展的过程中，其校园文化经过岁月的积淀，凝聚成优良的校风、学风，形成自己独特的人文环境和文化氛围，最终发展成为高等院校的精神支柱和文化特征。大学作为学生走向理想彼岸的象牙塔，大学校园作为师生共同学习和生活的重要场所，学生在潜移默化中接受着校园环境对他们学习和生活的影响，教师也在无形之中接受着校园环境对他们工作和生活的影响。一个有着完善教育系统的高校，其文化建设的内容、载体也是完善的和丰富的，整个校园的文化风气和氛围不但是淳朴的，而且是浓厚的。这种良好的校园文化能够推动师生保持旺盛的生命力，激发师生的热情，促进学校教育事业的发展。而要想促成这种良好校园文化的建设，高校必须担负起廉洁文化建设的职责。高校廉洁文化建设作为校园文化建设的重要一环，与校园文化建设密切相关，对于营造良好校园文化，构建和谐校园起着至关重要的作用。廉洁文化中包含的廉洁、正直、公道等风气是营造积极向上向善的校园氛围的必经之路。与此同时，通过廉洁文化建设创造出的良好的校园氛围和校园文化又能够为高校培养高素质人才提供肥沃的土壤。因此，高校在廉洁文化建设的过程中，不仅要将廉洁文化和其已有的文化结合到一起，更是要将廉洁文化作为校园文化建设的重中之重，并将其提升到关系学校生存和发展的重要位置上。只有这样才能形成一个廉洁的文化大气候，在这种文化氛围中，人们自觉地以贪污为耻，以廉洁为荣。借助高校这样的重要平台，将校园文化和廉洁文化有机融合，通过有计划、有目标地实施廉洁文化建设，不但能够非常有效地传播和发展廉洁文化，更是能产生优异的效果，进而促进校园文化层次的提升。为此，高校的廉洁文化建设作为整个反腐倡廉机制中最具有活力的部分，对于营造一种积极、健康、向上的良好校园文化有着不可估量的作用。

综上所述，高校作为传承、创新优秀传统文化的主体，高校廉洁文化作为高校校园文化建设的重要组成部分，加强高校廉洁文化建设，旨在通过开展教育、健全制度、规范言行、营造氛围，在师生员工中弘扬正气、抵制歪风，形成崇廉尚洁的文化自觉。以廉洁文化引领学校的价值追求和治校理念，充分发挥高校在净化社会风气中的带动和辐射作用。

第四章　国内外高校廉洁文化教育

一个国家和民族的廉洁文化教育，决定着其社会的廉洁与廉政环境。我国历来重视廉洁文化教育，尤其注重文化传统与道德自律产生的内在约束作用。与此相反，国外廉洁文化教育则重视制度的外在约束。国内外廉洁文化教育的侧重点不同，具体实施方略及效果也有所区别。

第一节　国内外高校廉洁教育整体情况与比较

高校作为知识群体的汇聚之地，是建设先进文化的重要阵地，承载着人才培养、科学研究、社会服务、文化传承创新及国际交流与合作的功能，担负着提高全民族思想道德文化素质的重任。加强高校廉洁文化教育，发挥好高校在净化社会风气中的带动和辐射作用，对于立德树人具有重要意义。

一、国内高校廉洁教育整体情况

随着党和国家对高等教育事业的重视程度越来越高，自2009年中纪委、监察部（现国家监察委员会）等六部联合下发《关于加强廉政文化建设的意见》以来，各高校纷纷注重廉政建设、廉洁教育，同时也取得了一定的成绩。

第一，高校大学生大多拥有积极向上的廉洁观。党的十八大以来，反腐倡廉被提升到新高度，在党和政府全面从严治党反腐败大环境的影响下，绝大多数的高校大学生意识到廉洁品格对个人成长成才、社会和谐进步和国家的稳定繁荣具有重要意义。高校大学生对自身廉洁品格培养的接受程度也明显上升。主要表现为：一方面是大学生愿意积极主动地参加学校、院系部门组织的有关廉洁的专门讲座、听取廉洁先进事迹报告会及热情参与与廉洁有关的调查研究等有关廉洁的实践活动。另外，很多高校中的大学生自发组织、纷纷开展诸如大学生廉洁知识竞赛、以廉洁为主题的演讲和辩论比赛、集体观看廉洁人物事迹等有关廉洁的实践活动，这些活动得到了所在高校大学生们的热情参与，他们的积极性、主动性不断高涨。崇廉敬洁、积极向上的廉洁观正在大学生中逐步形成。

第二，预防腐败的廉政制度在高校内初步确立。"教育要依靠制度的规范性去保证，监督要依靠制度的规范性去落实，改革要依靠制度的规范性去巩固，纠风要依靠制度的规范性去深化，惩治要依靠制度的规范性去施加。"廉政制度对于高校具有十分重要的基础性作用。随着我国高等教育的不断向前发展和管理体制的改革，国内很多高校纷纷响应党和国家的号召，按照相关要求基于自身实际情况初步建立和完善高校行政职权运行的制度措施，比如，高校党政机关管理干部落实党风廉政建设责任相关制度、高校预防与惩治腐败相关制度、高校党政机关违法乱纪案件审查制度、高校廉政危害惩防相关管理制度等。这些制度的初步建立与逐渐完善，基本达成了我国高校管理运行中有制度可循、依制度办事、以制度管人、凭制度行政的目标。目前，高校廉政制度虽未在全国的高校内大面积普及，但是这种趋势正在逐步形成。

第三，尚廉崇洁的廉洁思想得以广泛传播。高校在培养大学生廉洁品格方面发展态势良好的依据之一就是崇尚廉洁的精神正在各个高校内广泛传播。近几年来，国内很多高校逐步将廉洁修身相关的知识带入课堂，融入对高校大学生的教育教学中，融入科研管理的各环节中；高校也在教职工群体中倡导廉洁从教，把廉洁品质贯穿到教师的业务培训、思想学习中，弘扬学为人师、行为世范的师德师风；在高校的中高层管理干部中也时有开展以廉洁从政、严肃党风党纪为议题的会议。虽然这些崇尚廉洁的良好做法在高校的执行效果还有待提高，但当下各高校正努力将廉洁的理念在全国高校中推行，渗透给各个高校的学生和教职工，知荣明耻的廉洁思想正在传播。

二、国外高校廉洁教育整体情况

第一，学科支撑是国外高校廉洁教育的基础保障。西方国家在德育修身方面具有扎实的理论和社会基础，与此相应，西方国家的大学生廉洁教育以政治社会化、政治心理学、社会控制论、品格教育等为理论指导，通过教材和课程资源建设形成了有力的学科支撑。如英国高校的道德教育主要通过增加人文学科的比重来实现。牛津大学、爱丁堡大学等许多高校都设立了道德研究和实验机构，这些机构的理论与实践研究极大地推动了学校道德教育的深入发展。

第二，强化体制机制，推动项目运行是大学生廉洁教育的重要支撑。提高大学生的廉洁意识及其技能是一项系统的教育工程。一些国家的大学生廉洁教育采取了项目化运行的方式，通过特有的组织和制度形式保障廉洁教育获得必要的知识、技能、工具和技术，极大地提升了大学生廉洁教育的实际效果。如韩国腐败防止委员会定期开展腐败防止政策的宣传活动，通过开展"廉洁之岛"国民运动确立社会及其公职人员的伦理意识。

第三，民族文化价值渗透与社会做到有效的衔接。国外大学生廉洁教育重视教育的渗透性、长效性、社会性，在加强大学生道德教育的同时，积极利用宗教、媒体、网络等进行廉政品质的培养和廉政文化知识的传授。西方许多国家在开展学生道德教育时，大都利用宗教教育作为培养青少年道德品质的重要渠道。在德国，宗教课程往往直接承担着专门的德育课程任务。[①]

三、国内高校开展廉洁文化建设的启示及创新做法

第一，强化学科支撑，构筑高校廉政新生态。近年来，高校高度重视廉政文化教育工作，把思想教育和法纪教育有机结合起来，通过正反两方面典型，教育引导高校领导干部和广大师生懂权、惜权、慎权，把腐败的欲望和动机消灭在萌芽状态，进一步增强党员领导干部廉洁从政的自觉性，筑牢党员干部拒腐防变的思想防

---

① 邓纯余.国外大学生廉洁教育的基本经验及其借鉴[J].学校党建与思想教育，2011（2）：83-84.

线。主要举措为：一是宣传教育倡廉。党的十九大以来，各高校分别开设形式多样的廉政教育课，积极利用各种载体，开展师德师风教育、廉洁诚信教育、警示教育，在校报推出廉洁修身、廉政文化建设、家文化、警钟长鸣等专栏，形成"大宣教"格局。高校通过开展丰富多彩的反腐倡廉宣传教育活动，做到了因岗因时因人施教，寓教于学，寓教于乐，寓教于文，提高了反腐倡廉宣传教育手段的科技含量，增强了反腐倡廉教育的吸引力、感染力和渗透力，实现了教育全天候、关爱无盲区的目标。二是发挥典型教育作用。习近平总书记高度重视警示教育工作，强调要深入剖析严重违纪违法干部的典型案例，发挥警示、震慑、教育作用。在高校开展反腐倡廉警示教育是加强校园廉政文化建设的一个重要举措。各高校充分利用驻地人民法院庭审平台，选择一些有教育意义、发生在身边的职务犯罪、经济犯罪等典型案例，组织广大师生、机关干部及相关人员旁听，建立廉政教育示范点。这些教育活动形式用身边案例作反面教材，可以给高校党员干部和青年师生留下更深刻的印象，唤起更强的警醒，从而铸牢不敢腐、不能腐、不想腐的思想防线。三是风险教育促廉。高校作为培养高素质、综合应用型人才的重要机构，也是孕育、传承和发展优秀文化的关键力量。在市场经济飞速发展的环境下，高校教育也即将面临一系列机遇与挑战，为此，各高校纷纷开展思想道德风险教育、制度机制风险教育、内外部环境风险教育等。在全面开展廉政风险教育的基础上，高校也进一步细化工作流程，把具有人事权、审批权、资金投资管理权的单位作为重点管理对象，组织其开展学习培训，全面梳理各个岗位的工作职责，详细编制"岗位职责目录""职权运行目录""职权流程图"，制定风险控制措施，规范工作流程，建立完善制度。四是提醒教育助廉。各省纪委监委督促引导各高校坚持重要节日前夕开展党风廉政活动，校党委书记带头，对校领导干部、重点岗位科室有关人员进行提醒，使干部牢记廉政准则。同时，各高校纪委坚持多措并举，抓好关键环节的监督工作，对党员干部发送廉政短信，提醒党员干部廉洁工作，守住底线。对个别领导干部在思想作风、工作作风、生活作风等方面存在的苗头性、倾向性问题，采取信访约谈措施。谈话以询问、提醒为主，重在引导被谈话人澄清事实真相，做到有则改之、无则加勉。实践证明，廉政文化教育与纪律执行互为促进、相辅相成，如果没有有效的廉政教育，其结果只能是惩一而不儆百。

第二，依托配套反腐败制度体系，构建高校廉政的制度保障。改革开放以来的腐败治理实践经验深刻表明，唯有坚持制度化的反腐路径，逐步形成不敢腐、不能腐、不想腐的长效机制，实现腐败治理的规范化、制度化和法治化，才能从根本上保证对腐败现象滋生蔓延这一不良演变趋势的有效遏制。没有制度的规范和约束，权力作用的方向和运行轨道都可能会发生扭曲变异。就权力本身的公共性作用方向而言，这种公共性并不会自然而然地显现出来，如果对权力缺乏有效的监督和制约，权力就会偏离公共性运行轨道而变异为谋取私利的工具。坚决用法治思维和法治方式对权力进行规范和约束，即把权力关进制度的笼子里，是确保廉洁公正用权和建设廉洁政治的必由之路。改革开放以来，我国在制度反腐方面取得了十分显著的成效。我国的制度反腐立足实际，紧密联系腐败发生的环节和领域，针对薄弱点从解决实际问题入手，在稳定中发展、在发展中稳定，对法规制度进行系统的梳理和完善，反腐败制度体系得到了长足的发展。制度反腐与廉洁文化建设互动关系的一个表现就是制度反腐过程包含着对廉洁文化的形塑内容，教育制度、惩治制度和监督制度等就是推进廉洁文化建设长效化发展的平台支撑，如中央"八项规定"的贯彻落实及其精神的深入人心就对廉洁价值观的弘扬和培育起到了巨大的推动作用。总之，加强廉洁文化建设必须依托健全完善的反腐败制度体系和制度反腐的深入推进。

第三，培育反腐倡廉的文化氛围，营造高校廉政的良好环境。改革开放以来，加强廉洁文化建设使得以筑牢拒腐防变思想道德防线这一党的建设的优良传统得到了进一步发展，丰富和拓展了中国特色社会主义反腐倡廉道路的内涵。然而，人的行为的正确与否与其思想意识性质和内容是密切相关的。因此，加强反腐倡廉教育和廉洁文化建设对于消除腐败文化的侵蚀和树立廉洁的价值观具有根本性意义。同时，加强廉洁文化建设需要在形式内容和方式方法上进行多维拓展，要拓展廉洁文化建设的内容，以社会主义核心价值体系和社会主义核心价值观引领党员干部树立正确的权力观、利益观和价值观。具体表现为：一要加强理想信念教育，使党员干部坚定保持对马克思主义和共产主义的崇高信仰，始终保持共产党人应有的勃勃朝气、昂扬锐气、凛然正气，矢志不渝为实现中国特色社会主义共同理想而艰苦奋斗；二要加强党性党风教育，用好批评与自我批评这一武器，保持党同人民群众的血肉联系，始终牢记全心全意为人民服务的宗旨，切实克服形式主义、官僚主义、享乐主义等不正之风；三要加强廉洁价值观教育，将廉洁价值理念融入社会公德、职业道德、家庭美德、个人品德教育内容之中，搭建平台、创新载体，培养包括党员领导干部在内的广大人民群众的廉洁生活品质，提升其廉洁修养水平；四要创新廉洁文化建设方式方法，如在腐败易发多发的关键领域开展反面典型警示教育，根据受众特点采取灵活多样的教育形式以积极推进廉洁文化建设的社会化进程。总之，在加大制度反腐力度的同时，必须根据时代发展的要求和反腐倡廉标本兼治的诉求积极构建廉洁文化建设的长效发展机制，不断彰显和释放廉洁文化的强大正能量，使制度反腐获得稳定的、有力的文化支撑，最终营造出有利于反腐倡廉的整体性社会文化氛围。

第四，不断探索廉洁教育的方式、方法和路径。一是多校合作。由于纪检监察的特殊工作性质并非面向广大的青年学生，为解决接触面较为狭隘这一难题，几所高校创新性地突破各自的校园边界，整合各方资源，突出活动周主题，统一组织机构，以纪检监察部门为总牵头，带动各校的多部门、多学院的广泛参与，建立统一的领导机制，通过多部门协作，多方面推进，使青年大学生能够更加自觉地参与到这项活动中。同时，多校、多部门的协作也能够增加活动的宣传范围。二是多层次受众。"廉政文化周"活动不仅把重点受众对象定位在青年大学生身上，还把党员领导干部、广大教职员工作为普通对象，使得其成为全方位、立体式、全覆盖的活动。举办活动周的目的，就是为了使广大的师生、党员干部认识到开展高校廉洁教育活动的必要性和紧迫性，意识到廉洁教育是学生成长成才路上的必修课。为此，廉洁文化周的宣传就需要特别注重引发师生对廉洁教育的关注，注重学生廉洁感情的培养、廉洁知识的储备，以提升学生的廉洁综合素质，最终其取得的成效也是有目共睹的。三是多渠道探索。几所高校注重于廉洁文化的理论与实践的探索，通过多个渠道不断提升廉洁文化在校园文化中的建设水平。首先，理论研究取得了一些成果。高校的管理者们高度重视廉洁文化的理论研究，在纪检监察、廉洁文化建设等多个方面进行了理论研究，并结合现实存在问题进行专题研讨，这样不仅丰富了校园廉洁文化的内涵，也提升了学校教师廉政文化建设的理论素养。其次，高校教师在开展课堂教学的同时，还经常性地开展社会实践，让广大师生接受党风廉洁警示教育，传承革命精神，提升拒腐防变能力。最后，高校也在学生中积极探索行之有效的廉洁教育途径和方法。开展"模拟法庭""廉政话剧""廉洁书画比赛"等活动是目前多所高校廉政文化建设的一项创新之举，这些举措也为丰富多彩的校园文化增添了一道亮丽的风景线。

第五，依托红色廉政文化资源优势，打造特色高校廉洁教育。高校各学院作为高校的基本单位，承担着培养合格的中国特色社会主义建设者和接班人的重要任务。为此，学院通过开展党课、"红色讲堂"等方式对不同阶层的学生进行党的理论、方针、策略的宣讲，以及开展相应的实践教育活动。此外，高校也通过组织基层党组织开展主题活动，加强反腐倡廉的理论学习。这些课外活动的开展能够实现理论和实践相结合，通过加强实践学习，深化对反腐倡廉理论的学习。同时，结合参观烈士墓等红色基地的外出实践活动，使高校学生切实感受到先辈们曾经的所作所为，感同身受地了解红色廉政文化，并通过实践学习，改变以往不正确的观念。通过理论知识传授，高校在一定程度上了解目前学生党员对红色基因、反腐倡廉工作的理论掌握情况，进一步强化学生党员的理论学习。另外，有些高校通过举办"红色故事会"的活动，让同学们根据红色主题自我发挥，扮演不同角色，并通过自身的表演和体会，演绎出一场场生动的红色故事，让存在故事中的先辈们"活起来"。除了红色故事会，高校还开展了与红色廉政文化有关的知识竞赛，让高校学生在知识竞赛中获得知识。同时，竞赛也能够体现出同学们之间的团队精神和灵活应变能力，充分展示出学子们丰富的党史、团史知识。

第二节　国内高校开展廉洁教育的典型案例

我国高校以推进全面从严治党的政治高度，聚焦立德树人、为党和国家培养社会主义合格建设者和可靠接班人的目标，充分发挥文化教育人、塑造人、感染人的功能和作用，把廉洁文化渗透于高校管理和教育教学全过程，不断提高领导干部和师生员工的思想道德修养和廉洁从政、廉洁执教、廉洁修身意识。

一、同济大学：党委切实落实党风廉政建设主体责任

（一）建立健全党风廉政工作"四责协同"机制，落实廉洁相关制度

同济大学不断深化"四责协同"机制，认真落实"四书四会三报告"制度，

将党风廉政建设要求融入学校中心工作。一方面，学校通过不断深化细化"四责协同"机制，建立健全主体明晰、有机协同、层层传导、问责有力的责任落实机制，推动形成知责明责、履责尽责、考责问责的工作闭环。另一方面，学校通过认真落实"四书四会三报告"制度，将党风廉政建设要求融入学校中心工作，做到同部署、同落实、同检查、同考核。党委常委会每年年初召开专题研究党风廉政建设和反腐败工作的会议，研究制定年度工作要点，并及时召开学校全面从严治党工作会议进行部署，年中加强工作推进，年末组织对基层单位落实党风廉政建设责任制情况开展监督检查等。

党委书记认真履行第一责任人责任，做到以下几点：重要工作亲自部署、重大问题亲自过问、重点环节亲自协调、重要案件亲自督办；管好班子、带好队伍、抓好落实，支持、指导和督促领导班子其他成员、下一级党组织主要负责同志履行管党治党政治责任；发现存在苗头性、倾向性问题的，及时进行提醒谈话；发现落实责任不到位、群众来信来访反映问题较多的，及时进行约谈，严肃批评教育；主动听取纪委关于学校政治生态情况工作汇报，支持纪委开展监督执纪工作。

校领导班子成员认真落实"一岗双责"，与分管部门和联系单位主要负责人签订党风廉政建设责任书，督促重点领域部门梳理廉政风险点，完善防控措施，定期听取分管部门和联系单位有关党风廉政建设工作的汇报，加强日常工作提醒、督促，把党风廉政的要求层层向基层传导。年末，党政领导班子成员在民主生活会上述责述廉，各基层党委以书面形式向学校党委报告本单位党风廉政建设责任制的落实情况。

学校纪委认真履行监督责任和协助之职，及时向学校党委报告上级党风廉政建设和反腐败工作决策部署，及时汇报学校党风廉政建设状况，协助党委对基层单位落实党风廉政建设责任制情况开展监督检查，协助党委开展校内巡察工作等。学校纪委制定《中共同济大学纪律检查委员会关于开展廉情抄告的工作办法（试行）》，由其将日常监督、执纪审查工作中发现的问题，向存在问题的部门、单位的分管（联系）的校领导进行抄告。校纪委书记与校领导班子成员每半年谈心谈话一次，反馈所分管领域和联系单位的信访、巡察、廉政风险情况，督促校领导加强管理和监督，切实落实"一岗双责"。

（二）严格落实中央八项规定精神，经常开展反腐倡廉宣传教育，切实推进廉洁文化进校园

党委高度重视作风建设，始终把贯彻落实中央八项规定精神及其实施细则、纠治"四风"作为重要政治任务，紧盯重要时间节点，加强教育警示；抓住关键环节，强化监督检查；围绕履职担当，督促责任落实，持之以恒正风肃纪，一体推进不敢腐、不能腐、不想腐。

校党委常委会坚持第一议题持续学习习近平新时代中国特色社会主义思想，做到全面系统学、及时跟进学、联系实际学。例如，西北工业大学、同济大学等学校把2020年确定为"作风建设年"，精心谋划系列行动。同时，校党委定期组织人员对机关党委和职能部门开展"作风建设"专项检查。特别是针对年节假日期间违反中央八项规定精神问题易发多发的特点，校党委也持续做好教育提醒、案例警示等工作。

在加强党风廉政建设过程中，校党委注重抓好宣传教育的基础性工作。每年年初由校党委牵头编印全面从严治党工作会议资料，将习近平总书记在中央纪委全会上的重要讲话精神和中央纪委、上海市纪委的工作部署、教育系统全面从严治党工作会议精神、学校党风廉政建设和反腐败工作要点编印其中，提供给基层党组织进行学习。同时，每年纪委负责人都要深入学院、医院、机关职能部门，围绕党规党纪等主题开展各类宣讲、专题党课活动。借此契机，还能对新进大学生、选调生等开展廉洁教育活动。举办多种形式的宣传教育活动，能够引导干部、师生知敬畏、明底线、守规矩，切实落实廉洁文化进校园工作。

（三）畅通教职工反映情况、表达诉求渠道，及时查处、规范信访举报和违规违纪问题

学校信访工作在校党委的领导下，坚持以习近平新时代中国特色社会主义思想为指导，紧紧围绕党的十九大精神，认真落实上级各项工作要求，认真梳理、客观分析信访积案，积极协调沟通、稳妥处理各类信访事宜，提高预防和处理信访问题的能力，确保学校和谐稳定大局。

1.学校信访工作完成情况

信访办作为学校对外接待的重要"窗口"，切实落实信访工作制度，认真完成信访接待、受理等常规性工作。建立信访工作会议制度，定期召开信访工作例会及联席会议。每周整理信访工作周报，及时向学校领导汇报和反馈近期信访工作动态。部门工作人员坚守"首问负责制"，在接待中，力求做到以理服人，耐心地讲解并稳定来访人的情绪；接访后及时向校办负责人汇报，与相关职能部门人员沟通协调，并做好信访事项跟踪督办，在规定时间内高质量地完成办理，真正做到事事有落实、件件有回复。

信访办充分发挥职能部门责任主体作用，依法依纪调查处理信访问题。为妥善处理存在的问题，其坚持依法依纪处理原则，发挥各涉信涉访部门矛盾化解主体作用，强化法治意识，厘清信访与其他法定途径的受理范围，综合运用现场接访、信函督办、调研分析、会议协调等方式对疑难信访问题进行化解调处。

完善信访协调联动机制，主动应对处置风险隐患。为有效处理排查出来的信访苗头性问题，信访部门协同信访事项集中的部门主动分析、研判风险隐患，查清事实，分清责任，形成情况说明或调查报告，为协调处理信访问题提供事实依据。各涉信涉访部门明确调处责任人，与上访人及时沟通信访事宜的处理情况。

加强交流，及时通报学校信访动态。信访办及时与上级信访主管部门沟通上访信息，借助学校法律事务与信访工作合署办公的优势，针对信访问题的症结，形成信访工作简报，为职能部门提供建议。每周形成信访工作摘报，向校领导通报一周集中信访情况或反映强烈的涉及师生利益的事项，自上而下加速促进信访事项的解决。

加大宣传力度和依法依规办理。在逸夫楼南侧入口处布置信访宣传展板，强调信访办理"明事理、讲情理、依法理"的工作原则，明确告知受理及不予受理的事项，并公示来访人员须知和接单人员守则。同时联合保卫处等部门加大信访法律法规条例的宣传力度，对于缠访闹访、扰乱正常秩序的行为，及时锁定证据，在保卫的配合下开展打击，确保信访稳定。

2.畅通信访渠道，及时处理违纪问题

高校坚持"有案必查、违纪必究"，把受理群众的信访举报和查处违法违纪案

件作为从严治党、惩治腐败的重要手段。畅通信访投诉渠道，严格按照规定程序受理和处理各类投诉举报。对群众反映的问题，实事求是分析，认真调查处理。对信访调查中发现的苗头性、倾向性问题及时找当事人谈话、教育提醒；对信访反映失实的，及时予以澄清；对一些单位涉及管理方面的问题，及时指出，督促整改。

加强对重要举报线索的筛选、研判，加大纪律审查工作力度。对需要立案审查的案件，严格按照案件查办工作要求，依规依纪办案，做到"事实清楚、证据确凿、定性准确、处理恰当、手续完备、程序合法"，确保办案质量。

注重发挥办案治本功能。信访办对违纪违法案件的查处，在校内起到了一定威慑和警示作用。每查结一起案件，坚持在一定范围内通报案情，进行警示教育；坚持深入案发单位，帮助分析案发原因，查找漏洞和薄弱环节，促进建章立制，充分发挥了查办案件的治本功能。

学校积极畅通信访举报渠道。拓宽线索来源，完善来信、来访、来电、网络四位一体的受理平台。纪检监察信访实行集体研判制度，精准处置问题线索，深化运用监督执纪"四种形态"，加大谈话函询力度，对发现的苗头性、倾向性问题及时进行约谈函询，防止小问题演变成大问题。继续保持惩治腐败高压态势，依规依纪查处违纪违规问题。

二、湖南大学：坚持"四个融入"，推进廉洁文化进校园

湖南大学把廉洁教育作为进一步加强和改进大学生思想政治教育的重要内容，积极探索大学生廉洁教育的有效途径，不断推进廉洁文化进校园。

将廉洁教育融入课堂教育。充分发挥课堂教学在廉洁教育中的主渠道作用，在"思想道德修养与法律基础""马克思主义基本原理概论"和"形势与政策"等思想政治理论课教学中，专门安排课时进行廉洁教育，讲解廉洁文化；面向全校学生开设廉洁教育选修课程；在专业课教学中要求教师根据专业、行业特点开展廉洁教育，如在土木工程专业课中加入"工程预算与廉洁自律"内容，在会计专业课中加入"会计结算与不做假账"内容等。

将廉洁教育融入校园文化活动。将廉洁教育作为新生入学教育的重点内容，校长给每位新生写信强调廉洁自律；组织学生参观岳麓书院"忠孝廉节堂"，感悟传

统文化中的廉洁文化精髓；建设"中国大学生廉洁教育在线"网站，利用各类校园媒体，大力宣传廉洁知识；每年举办"廉洁文化节"，开展知识竞赛、防腐拒变警示片展映、专题讲座、廉洁文化作品创作等活动，使廉洁教育常态化、普及化；成立大学生廉洁文化社团、大学生社会主义荣辱观社团，主动与政府、社区、工厂结对子，向社会宣讲廉洁文化。

将廉洁教育融入学生日常教育管理。在党员发展、考试考核、评奖评优、论文答辩等学生日常管理工作中，要求学生签订诚信承诺书；在学生择业、就业过程中，强调学生见习和实习环节廉洁自律、爱岗敬业；在毕业典礼上，全体毕业生进行廉洁从业宣誓，促进毕业生廉洁从业；打造"阳光招生工程"，面向全国考生征选"招生录取现场观察员"，见证学校招生录取全过程；学校各项工作秉持公正、公平、公开原则，严格审核把关，对学生进行潜移默化的廉洁教育。

将廉洁教育融入科学研究。依托设在学校的"湖南省廉政研究基地"，成立廉政研究中心，主办《岳麓廉政研究论丛》等学术刊物，提供廉政研究平台；依托政治学、法学、管理学、经济学等专业学科力量，开展廉政研究；组织廉政研究专家编写《大学生廉洁教育读本》，科学引导大学生进行廉洁文化知识的学习和实践；在政治与公共管理学院政治学专业下设置廉政研究方向，培养专门的硕士研究生。

三、西南财经大学：加强学生廉洁教育，推进校园廉政文化建设

西南财经大学根据《教育部关于在大中小学全面开展廉洁教育的意见》和《建立健全教育、制度、监督并重的惩治和预防腐败体系的实施纲要》文件精神和要求，切实加强组织领导，下发《西南财经大学关于切实加强学生廉洁教育的实施意见》，明确把廉洁教育融入学校中心工作，以加强学生廉洁教育为抓手，开展廉政文化进校园活动，推进校园廉政文化建设，引导学生形成以诚实守信、正直节俭、崇尚廉洁为基本的社会主义核心价值观，养成廉洁奉公的意识和习惯。

与教学活动相结合，推进廉政文化进课堂。一是学校马克思主义学院发挥思想政治理论课的主渠道作用，利用课堂教学、专题教学等形式，将廉洁教育融入课程教学内容当中。二是结合学校财经专业背景，以财经职业道德教育为重点，将其与培养思想品德优良的创新型应用型高素质人才目标相契合，编写专门的廉政教材，

作为学生廉洁教育的基础内容和教育范本。三是各学院充分利用导师小组活动，走进课堂、寝室，与学生面对面交流，帮助学生树立科学的义利观、价值观。四是利用期末考试大力倡导诚信迎考签名活动，营造作弊为耻、诚信为荣的积极向上的氛围；经学生自主申请，开设无人监考教室，自觉接受全校师生检验。

加大廉洁宣传力度，树立先进典型。一是在学校光华园网站设立专题网页，在学校教育电视台、广播站中开设专题节目，在校报中开设专栏开展廉政文化宣传和报道；在学生中开展"廉政文化进校园"宣传标语有奖征集活动，悬挂宣传标语，宣传廉政文化；向各学院发布廉洁教育倡议书、响应书；制作图片、卡片、教育漫画、温馨"小贴士"等，向广大同学发送，营造廉洁文化氛围。二是结合学生助学贷款工作，鼓励各学院推优，深入挖掘、树立诚信还贷先进典型，组织专场报告会，大力宣扬和表彰典型事迹，用身边人身边事感动学生、教育学生。

利用党、团组织平台，加强廉洁文化教育。在学生基层党组织的先进性教育活动中加强廉洁教育；利用学生党组织生活时间，举行廉洁文化座谈会和报告会，开展专题学习活动；在党校学习、入党积极分子培训、党员学习培训中贯穿廉洁教育内容，把廉洁文化内容纳入结业考试的必考内容；校团委组织开展廉洁文化演讲比赛、廉洁知识竞赛；在主题团会中融入廉政文化主题教育。

成立廉洁文化学习专业学生社团，提高学生自我廉洁教育能力。成立学校学生社团廉洁文化协会，这是学校加强学生廉洁教育，推进廉政文化进校园的重要举措。协会开设专题宣传栏，作为学生廉洁教育的主阵地，开展系列宣传；开展廉政系列讲座、毕业生系列廉洁教育、廉洁知识竞赛等丰富多彩的社团活动，带领广大同学们在轻松愉悦的氛围中感受廉洁、学习廉洁，在校园里倡导诚信、廉洁的新风尚。

以廉洁教育为导向，开展丰富多彩的校园文化活动。利用学校光华讲坛、文化素质讲座、博雅大讲堂、博雅沙龙等讲座平台，组织开展高水平的专题讲座，提高学生对廉政文化的认知水平；结合就业教育工作，各学院举行"廉洁文化与就业"报告会和座谈会，组织"廉政在我心"实话实说主题活动；利用"周末大看台"组织"廉政在我心"专场文艺演出；开展"廉政文化进校园"有奖征文活动；开展廉政文化电影周活动，通过电影这种喜闻乐见的艺术形式来弘扬勤政廉政主旋律，使同学们既享受内容健康、艺术高雅的"精神大餐"，又在休闲、娱乐中接受廉洁教育。

四、江南大学：创新教育途径，打造廉洁课堂、廉洁支部、廉洁社团

廉洁清心，教育为本。加强大学生廉洁教育是新形势下加强和改进大学生思想政治教育工作的新课题、新任务。江南大学努力创新教育途径，着力打造廉洁课堂、廉洁支部、廉洁社团三位一体式平台，助推廉洁教育向整体优化、内涵式发展转型，提高大学生对廉洁教育的接受度，增强大学生对中国特色社会主义先进文化的自信，激发大学生主动传播廉洁、主动践行廉洁的文化自觉，全面提高廉洁文化的传承与创新能力。

廉洁课堂重积淀。学校充分发挥思想政治理论课的主渠道作用，以社会主义核心价值体系为引领，将廉洁教育与大学生理想信念教育、社会主义荣辱观教育、价值理念教育、社会主义政治文明理念教育和法律法规教育等相结合，积极倡导与中华民族优秀文化相承接、与时代精神相统一的廉洁文化，提高大学生认识水平，夯实廉洁教育基础。学校研究制定了思想政治理论课廉洁教育方案，2018年起在"思想道德修养与法律基础""中国近现代史纲要""毛泽东思想和中国特色社会主义理论体系概论"等5门课程中系统组织开展廉洁教学，明确教学内容和教学时数，动态构建廉洁教学素材库，开展优秀课件、优秀课堂"双示范活动"；优化教学方式，着力加强廉洁教学实践模式研究，将课堂理论讲授与观看教育片、案例讨论和参观警示教育基地等实践活动相结合，开展廉洁教学实践方案征集和优秀实践报告评比活动，切实提高教学效果。

廉洁支部架心桥。学校机关教师党支部与学院学生党支部结对共建，是开展廉洁教育的重要载体。围绕"强化党员意识，提升党性修养，师生廉洁共进"的目标，学校着力打造三大工程，激发广大师生投身廉政建设的积极性和主动性，促使师生品格的自我完善和精神境界的自我升华。发起"爱心帮扶工程"，由机关干部首先从细微处入手，建立结对学生经济档案，为生活困难学生捐款捐物，介绍勤工助学岗位；新年来临之际，共同开展迎新联谊活动，为留校学生庆祝节日。开展"廉洁修身工程"，学生支部根据学生专业和年级特点，分类别组织开展反腐倡廉系列理论学习活动，邀请校领导与学生党员共话廉洁，向学生党员赠送理论学习书籍，交流学习体会。组织"以人为鉴知荣辱，以法律己树新风"毕业警示教育活

动，进行案例分析，重温入党誓词，强化毕业生党员的廉洁自律意识和岗位风险意识。启动"师生满意工程"，教师党支部与学生党支部结对共建的模式在学校机关各部门中得到了推广。这种模式使机关管理干部走向了育人树人的前沿，更加注重形象塑造，促进了各部门努力争创"师生满意部门"的积极性，从而有效推动了机关作风与效能建设向纵深发展。从每季度群众评议结果看，机关作风满意率显著提高，管理干部廉洁从政、服务师生意识不断增强。

廉洁社团促活力。廉洁教育的终极目标是促使学生将廉洁理念和规范落实到日常行动中，自觉成为廉洁思想的宣传者、践行者和维护者。为此，学校以争创廉洁社团为载体，发挥广大学生组织在廉洁教育中的自我引领作用，组织"红色江南""笃学江南""诚信江南"系列品牌活动，营造"江南倡廉"文化氛围。每年青年马克思主义者训练营的学员都会举办廉洁主题报告会，大学生职业发展协会优秀代表、大学生选调生和"村官"与校领导畅谈思廉感悟；每年的校园廉洁文化活动月，大学生社团成了固定的主角，他们将廉洁文化创新项目评比届次化、常态化，举办廉洁论坛、编辑廉洁电子杂志、制作廉洁书签、排演廉洁小品评书……一项项创新活动，一次次自我教育，使廉洁文化在广大学生中得到传承与创新，充分彰显出蓬勃的生命力。

文化润内，养德固本，大学生廉洁品格的形成离不开校园文化氛围的熏陶，学校党委及时下发《关于加强大学生廉洁教育、推进廉洁文化进校园的实施意见》，明确了新形势下校园廉洁文化建设的内涵与方向。学校成立了无锡预防腐败研究中心，强大的科研实力为廉洁文化持续发展和长期繁荣提供了充实的理论支撑和发展后劲，提升了廉洁教育的层次和水平。

五、中南大学：多措并举，深入推进大学生廉洁教育

中南大学把廉洁教育作为大学生思想政治教育的重要内容纳入学校党政工作要点，努力构建多途径、广覆盖、重研讨、可持续推进的大学生廉洁教育体系，成效明显。

建立健全大学生廉洁教育领导体制和工作机制，进行可持续推进。学校成立了学生廉洁教育工作领导小组，由主管学生工作的校党委副书记任组长，主管纪检

监察工作和教学工作的校领导任副组长，成员包括纪委、监察处、组织部、马克思主义学院等部门和学院的负责人。以文件形式明确中南大学大学生廉洁教育年度主要工作安排，将精心设计的廉洁教育活动分解到各部门和学院，形成了党委统一领导、党政齐抓共管、纪检监察组织协调、相关部门各负其责的多部门联动工作机制。严格廉洁教育工作考核，坚持廉洁教育与部门和学院工作相结合，一并安排和检查；坚持廉洁教育工作考核与二级党组织党风廉政建设责任制检查考核相结合，在每年的责任制落实情况自查和抽查中，把大学生廉洁教育列为重要量化考核指标进行打分，并在全校范围内通报检查考核结果。

将廉洁教育融入第一课堂、校园文化和社会实践，进行多渠道渗透。一是抓好廉洁教育进课堂。组织编写大学生廉洁教育读本，将廉洁文化建设与"思政课"课堂教学相结合，在"形势与政策""思想道德修养与法律基础"等全校性必修课中安排廉洁教育专题，切实推动廉洁教育进教材、进课堂、进头脑。二是开展特色廉洁教育活动。举办"敬廉崇洁、知诚讲信"系列主题征文、演讲比赛和廉洁文化书画图片展，开展"清风有约"创意宣传海报大赛、"廉洁是青年的责任"原创诗歌大赛暨红色经典诵读活动，以"永恒的经典"为主题开展红色话剧节活动。三是组织廉洁教育社会实践。成立"大学生廉洁文化教育研究会""医学生医德医风宣讲团""大学生学术自律与诚信教育协会"，进行"廉洁文化进社区"青年志愿者社区宣讲活动，并以"寻访基层廉洁村官"为主题在长沙农村开展社会实践活动。四是拓展廉洁文化宣教途径。充分利用网络，建立中南大学青年廉洁教育网站、开设《思想驿站》手机报"廉洁之窗"和团刊《青年工作》"廉洁直通车""廉洁在线"等栏目，以"廉洁，我们的承诺"为主题开展电脑屏保设计大赛，以校园微博为平台开展青年廉洁自律格言征集活动，营造廉洁教育良好氛围。

根据不同学生群体的特点明确教育重点和主题，进行分类引导。对本科生以社会主义核心价值体系为主导，加强社会公德、法治和诚信教育；对研究生注重学术道德教育，以"诚信为人为学，争做廉洁青年"为主题，邀请知名学者、理论专家和高校教授等开展廉洁教育专题讲座及宣传活动；对医学生注重树立高尚医德医风，举办以"白衣天使，廉洁为本"为主题的医德医风宣誓大会和"白衣天使，廉洁从医"系列报告会，邀请院士、校领导参加相关活动并作专题报告；对新生主要进行校纪校规基础性教育，对毕业生强化廉洁自律、爱岗敬业的职业观教育等。在促进所有专业学生不断提高道德自律意识，培养拒腐防变良好素质的基础上，尤其注重对学生党员和学生干部的教育，在全校1153个班团支部设立廉洁委员，举办"廉洁在我心中"主题团日活动，以"讲廉洁教育，塑升华英才"为主题，开办学生干部廉洁教育培养学校，充分发挥他们的带头作用。

围绕廉洁教育校园文化建设主题，进行针对性研究。学校先后组织相关人员到学生中进行调研，广泛征求意见，收集广大学生对廉洁教育活动的建议与要求，力求将学校工作部署与学生实际需求相结合。组织廉洁教育调研考察团，到兄弟院校和革命圣地、德育基地学习调研，借鉴兄弟院校有效开展廉洁教育的做法和经验。同时，学校立项资助一批大学生廉洁教育研究课题，推进理论研究和实践探索。课题按人文社会科学课题进行管理，每项资助0.6万～3万元，全校共立项课题11个，包括大学生廉洁教育进网络的理论与实践研究、大学生廉洁教育的实践教育机制研究、研究生廉洁教育实施体系构建研究、廉洁教育校园文化建设研究等。此外，还积极开展廉洁教育大讨论。例如，举办了湖南省"弘扬学术道德，展现青年清风"廉洁教育高峰论坛，围绕廉洁从政建设、反对学术腐败、树立高尚医德等主题开展人物访谈、案例分析、高峰对话；以"国家、理性、廉政"为主题，举办首届湖南高校政治与公共管理类研究生学术论坛等。

六、山东师范大学：加强校园廉洁文化建设，营造敬廉崇洁良好氛围

山东师范大学深入学习贯彻十九届中央纪委历次全会、省纪委十一届历次全会精神，以"敬廉崇洁"为主题，探索构建廉洁文化建设矩阵，为推动学校高质量发展奠定"压舱石"。

（1）提高政治站位，完善体制机制，做高校廉洁文化建设的组织者。开展廉洁文化建设，既是高校党风廉政建设和反腐败工作的有效载体、重要抓手，也是落实立德树人根本任务、培养中国特色社会主义合格建设者和接班人的内在要求和重要保障。

一是强化组织领导，完善顶层设计。学校把廉洁文化建设融入管党治党、办学治校、立德树人全方面、全过程。一方面，学校党委将廉洁文化作为全面从严治党的重要方面和校园文化的重要组成部分；另一方面，学校纪委把廉洁文化建设作为

一体推进"三不"的重要内容去规划落实。构建线上线下互动、校内校外融通、点线面结合的廉洁文化建设立体矩阵。

二是完善制度建设，健全体制机制。将廉洁文化融入大学章程和各项管理制度中，制定山东师范大学《院级单位党委（党总支）书记向学校纪委全委会述责述廉工作办法》《山东师范大学院级单位纪委工作暂行规定》《专职纪检监察干部联系院级单位党组织工作制度（试行）》等，建立健全制度体系。在部分院级单位试点设置二级纪委或专设纪委书记，充分发挥二级纪委在廉洁文化建设中的积极作用，将廉洁文化建设成效纳入院级单位党委（党总支）书记向纪委全委会述责述廉工作考核和中层单位年度考核指标体系，加强考核评价、成果运用。

三是凝聚各方合力，强化校院联动。坚持学校党委、院级单位党委、基层支部一条线，大学、中学、小学一条线，指导院级单位、附属中小学开展富有单位特点和专业特色的廉洁文化活动，如指导后勤党委、文学院、附属中学开展"抵制舌尖上的浪费"文化建设、"诗说廉洁"图文展、"图说廉洁"漫画展等活动。历史文化学院的本科生发挥专业优势，编写了24万字的《俭奢史话》一书，对我国历史上勤俭节约和奢侈浪费的典型事例进行了系统梳理。对院级单位创新性、特色性廉洁文化建设项目给予重点支持，如学校重点支持物理与电子科学学院廉洁书角和党建长廊建设，发挥带动辐射作用，取得积极效果。

四是借助社会资源，开展校地共建。为丰富和拓宽廉洁文化教育的载体和渠道，学校纪委先后与济南市纪委监委、济南市检察院、莒南县纪委监委共建廉政教育基地。组织党员干部赴山东省廉政教育馆，淄博的王渔洋纪念馆、焦裕禄故居、原山党性教育基地，临沂的省政府旧址和115师司令部旧址开展教育培训和实践教学，实现廉洁文化建设校内校外融通。

（2）创新载体平台，打造特色品牌，做高校廉洁文化建设的开拓者。高校师生是高知群体，思维活跃、开放包容，开展高校廉洁文化建设必须充分把握这一特点，搭建有力平台，做出自己的特色，以生动鲜活的形式春风化雨、潜移默化，营造"敬廉崇洁"的良好氛围。

一是强化特色引领，创建"敬廉崇洁"文化建设品牌。学校纪委连续3年开展"敬廉崇洁"校园廉洁文化系列活动，打造"敬廉崇洁"活动品牌，先后与学校团委、有关学院开展"敬廉崇洁"演讲比赛、微电影微视频比赛、书画摄影作品比赛、"廉洁伴我行"主题党日团日、廉洁电影周等系列活动。

二是推进媒体融合，开通"山东师大纪检监察"微信公众号。开通微信公众号，组建指导教师和学生团队专门队伍，开设"史鉴""明纪""视说""时令"等专栏，进行每日推送，以漫说、图说、视说等喜闻乐见的形式，宣传习近平新时代中国特色社会主义思想、优秀传统文化，深入解读党规党纪、法律法规。设计制作发放"小廉""小洁"吉祥物等衍生品。同时，在党史学习教育期间，推出"党史上的100个廉洁故事""100堂党史课""红色家书"等系列栏目，在廉洁文化教育中发挥了积极作用。

三是推进平台建设，开设"廉政大讲堂"。2020年开设的"廉政大讲堂"，每年举行2次，邀请省纪委监委领导和有关专家，开展廉政宣讲，受到了广泛好评。下一步将建立专家库，拟定《山东师范大学廉政大讲堂实施办法》，完善运行机制，做好调研规划，争取建成有影响力的品牌项目。

（3）着眼全局长远，推动常态长效，做高校廉洁文化建设的倡导者。高校廉洁文化建设不是一时一域之力，需要统筹谋划，系统集成；也不是一朝一夕之功，需要久久为功，持之以恒。

一是警钟长鸣，开展节假日廉政提醒。坚持廉政提醒常态化，抓住元旦、春节、端午、中秋、国庆等重要节点，党员政治生日、世界反腐日等纪念日，每年为全校处级党员干部发送廉洁提醒短信1 000多条、政治生日提醒短信250多条。

二是分类施教，推行廉政宣讲供给侧结构性改革。针对高校中不同群体的实际需求，分层次、有针对性地开展廉政宣讲。立项学校干部教育培训精品课程，按照管理人员、业务教师、大学生三类人群，突出重点领域、重要岗位、关键环节，面向后勤服务保障部门干部、学工干部、新进教师、中层干部、科级干部，分专题开展宣讲，取得良好效果。

三是多措并举，融入整体校园文化建设。对校园楼宇道路命名、在景观建设中融入廉洁元素，如将马克思主义学院等学院楼命名为正德楼、厚德楼、明德楼、崇德楼，学生宿舍楼群命名为梅苑、兰苑、竹苑、菊苑等。在教学楼、办公楼、宿舍楼、食堂等公共场所张贴廉洁文化宣传画、宣传标语。在师生休闲聚集处，设计建设廉洁书角、廉洁主题会议室。将廉洁文化与校风、校训、校园精神相融合，营造廉洁氛围，涵育清风正气。

（4）把握规律特点，促进融合发展，做廉洁文化建设的促进者。开展廉洁文化建设，要尊重文化的特点和规律，做在经常、融入日常，融入党的建设全方面、思想政治教育工作全方位、齐鲁文化传承创新全过程。

一是坚持"大党建"，与党建工作相融合。严把干部政治关、品行关、作风关、廉洁关，回复廉政意见300多人次，树立鲜明用人导向。建立党委领导班子成员履行党风廉政建设"一岗双责"纪实制度，制作纪实手册，督促认真落实党委主体责任。深入开展纪律教育、警示教育，把党规党纪学习教育纳入基层书记培训内容，组织全体中层干部观看警示教育片，引导党员干部知敬畏、存戒惧、守底线。

二是嵌入"大思政"，与思想政治教育工作相融合。把廉洁文化建设融入思想政治教育主渠道和主阵地，督促落实意识形态工作责任制，推动学校和学院两级领导干部为学生讲开学第一课、毕业最后一课。严肃查处师德师风问题，推动实行师德师风一票否决制。做好巡视巡察、审计整改"后半篇文章"，督促立行立改、真改实改，举一反三、建章立制，推动全员育人、全程育人、全方位育人。

三是彰显"大特色"，与齐鲁文化研究相融合。充分发挥教育部人文社科研究基地——齐鲁文化研究院的作用，深入发掘传承齐鲁文化中的廉政思想和家风文化，推出《齐鲁文化通史》《齐鲁历史文化丛书》《山东文化世家研究书系》《中国名门家风丛书·山东辑》《历代诗咏齐鲁总汇》等重要成果，成为廉洁文化重要资源库。面向学生开设"论语""齐鲁家风"等17门传统文化课程，让齐鲁优秀传统文化走进课堂，融入学生生活。

第三节　国外廉洁文化教育典型案例

廉洁文化作为现代社会的一种政治文化，是在特殊的社会政治、经济、文化条件下逐步形成的，是政治、法律、伦理等诸方面相互影响、相互结合的产物。从历史上看，廉洁文化是与民主制度一脉相承的。随着对封建专制制度的推翻和否定，逐步产生了人民主权、分权制衡等重要思想，资产阶级在尊重人、倡导人类理性的理念下，建立了完善的宪政体制，形成了严密的监督体系，使得政府能够按照既定的社会政治规则去充当公共权力的行使者。廉洁文化是社会政治多方面作用的结果，目前，国外廉洁文化的构筑主要是从立法、公务员行为规范、严格执法、行政监察、舆论监督等方面进行的。

一、外国高校廉洁文化营造案例

（一）美国

在高等教育相当发达的美国，高校针对贪污腐败问题，各部门准备积极推行"大学信息应该透明化"的改革；美国政府机构联合新闻媒体开展"揭发黑幕运动"，开展腐败问题的调查报道。亚拉巴马州在2011年向该州的教师发出提醒：教师收受某些礼品将被视为受贿，可能面临有期徒刑和6 000美元的罚款。该州道德委员会称："教师收受学生和家长礼物看似不是什么大事，但如果礼品过于贵重，这可能导致教师无法公平对待学生、判定学生的成绩等，进一步会影响学生的升学和毕业等。这样就与其他领域的腐败没有实质差别。"因此，这种"校园腐败"现象必须铲除。

除国家法律之外，大学一般还有自身的制度规范。例如，美国密歇根州立大学的《职员道德守则》《教授科研和校外兼职的守则》，规定大学教职员工在校外兼职必须遵守事先批准制度和年度报告制度。其《教师手册》规定，教职员工从事有报酬的校外兼职工作必须事先向所在学院或部门申请，并填写"员工校外兼职申请表"，获得批准后，兼职员工还需承诺兼职工作不会影响自身教学工作及非教学的事务、不会影响学校的利益或违反大学的政策和规范。此外，《教师手册》还详细规定了教师应该履行的学术伦理，以及违反规范将要承担的法律责任。例如，若教师在科研项目、论文写作中违反学术伦理，会因版权、剽窃等问题接受法律制裁，并丢掉高校工作岗位。

（二）德国

德国把预防腐败和惩治腐败明确纳入学校道德教育的总目标。大学和职业培训中心开设专门的廉洁教育课程，为学员提供各种形式的预防职务腐败教育培训。

在德国，在职攻读硕士或博士学位会受到跟其他学生同等的待遇，这体现了学术独立，保证了学术的权威和纯洁。这种一视同仁的态度有利于学校建立积极、健康、纯粹的学术体系，也有利于其培养独立自由的学术精神。为了避免学术腐败和维护教育的完整性，德国的大学也严格自律，并公开宣布对学术腐败的强烈抵制。例如，莱比锡大学指出："预防腐败事关莱比锡大学所有员工的切身利益。为了防止腐败，上级有义务向其下属明确指出腐败的潜在危害。"类似声明充分证明了德国大学对腐败问题的重视，及打击腐败的决心。德国前教育部部长安妮特·沙范因为博士论文抄袭事件而被迫辞职。随后她的母校杜塞尔多夫大学宣布取消她的博士学位，理由就是她32年前的博士论文涉嫌抄袭。在此事件之前，被称为德国政坛"金童玉女"的前国防部部长古滕贝格和前欧洲议会副议长西尔瓦娜·科赫-梅林也先后因论文"剽窃"问题，而纷纷落马。

（三）英国

英国大学通过增设人文学科的数量来实现道德教育目标。牛津大学和爱丁堡大学等大学建立了伦理研究和实验机构。英国和法国的相关部门在年轻人、大学生、企业高管和行政人员中开展大规模的诚信教育活动，通过全员参与，形成一种廉洁教育的积极氛围，产生辐射效应。因为，大学本身就不是孤立的，就应该是开放的，同社会联系在一起。所以，高校的反腐和社会的反腐工作应该互相支撑。

英国《信息自由法》（2000年）规定，作为公共机构的教育机构是法定的信息公开主体，公众有权按法律规定的程序申请、获取其信息。美国则实施个人财产申报制度及政务公开制度，其中个人财产申报是防止利益冲突、预防腐败的重要制度。各公立大学校长等管理人员必须履行个人财产申报手续，每年均需填写个人财产申报表，列出与本人利益关联的组织、亲属的利益关联事项，避免任何组织及亲属因管理人员在学校权力运行中获取好处。

（四）新加坡

新加坡被公认为世界上"最清廉"的国家。新加坡拥有一整套全面的立体预防腐败的制度体系。在新加坡有"不想贪"的清廉文化，有"不能贪"的制度规范，有"不用贪"的高薪及管理，有"不敢贪"的峻法严刑。同时，新加坡一贯重视廉洁教育，对教育领域的腐败零容忍。其预防职务犯罪的法律包括《防止贪污法》《没收贪污所得利益法》《公务员法》。其中《防止贪污法》是预防公职人员职务犯罪的基础性法律，自实施以来进行了多次修订，囊括了治贪倡廉的各项活动，操作性很高。该法也加大了腐败惩治力度，对教唆犯、预备犯罪与共同犯罪进行了规定。《公务员法》则与《防止贪污法》互补，是专门针对公务员行政处分的法律，详细规定了对尚不够刑事处分的公务员渎职和玩忽职守行为的调查和处理程序。在新加坡，高校教师属于国家公务员，其严密的法律为高校反腐败运作提供了保障。

（五）日本

日本原是官员腐败问题严重的国家，然而经过战后70年的全面治理，如今已经形成较为完善的廉政制度体系。日本在廉政和反腐败方面的成功，其最根本原因在于对优秀传统廉政文化资源进行现代性的改造，使之成为与现代政治制度相匹配的核心价值体系，从而有效遏制贪污腐败现象的发生，大大降低了反腐败的成本。

1. 从"集体本位"伦理到"克己奉公"精神

儒家文化主张以血缘伦理为基点，集体为本位，强调在社会关系的整合中实现个人价值。个人价值是有限的，但社会和集体的价值却是无限的，只有将个人有限的生命和社会无限的价值联系在一起，人生才会有意义。这正是儒家思想中的"集体本位主义"。儒家文化传播到日本后，经过日本社会武士阶层的提倡，逐渐转化为一种"克己奉公"精神追求和道德情操，并为日本社会各阶层民众所接受，成为迄今影响日本社会生活的重要精神力量。

2. 从"知耻之心"到"耻感文化"

"耻"是儒家文化的重要内容。儒家把仁、义、廉、耻四方面并提，并将之视为人之为人的标志。而日本在发扬儒教文化中"耻"的端正人心、教化天下的内涵，从而形成一种独特的"耻感文化"。在日本文化中，"耻辱"主要源于对社会主流价值的背离和反叛，从而变得为世人所不容。日本文化意义上的"雪耻"，是通过外在地清除名誉上的污点来实现的。当一个日本人犯下罪行，他难以承受的不是罪恶引起的自责，而是罪行带来的耻辱。可见，在日本，对"耻"的畏惧则远远超过对"罪"的恐惧。耻辱作为一种精神紧张状态，严厉地约束了日本人一生的思考与行动。

3. 从"心性修养"到"道德追求"

儒家文化不仅强调个人价值的社会实现，同时亦注重个人内在的心性修养。这种人生观和价值观对日本文化产生了深远的影响。在日本的主流价值观中，"心"与"物"甚至是完全对立的。在日语中，"名誉"的含义等同于"清洁"与"善良"，其反义词是"污秽"和"罪恶"。日本人追求的正是这种清净无尘的生活，并将其看作是人生不懈追求的目标。日本的武士把名誉和尊严看得极重，但对钱财不屑一顾。一个人越是为了名誉牺牲其财产、家庭以及自己的生命，就越被认为是道德高尚的人。

可以说，廉洁文化教育在日本的廉政建设中起到了法律和制度不可替代的作用，为加强预防和惩治腐败工作力量，进一步加强廉政建设发挥着重要的作用。

二、各国高校实施廉洁文化教育的经验借鉴

世界各国的反腐败体制主要由惩处打击机制、权力制衡机制、道德教化机制、社会监督机制等构成。其中，道德教化机制主要通过对公职人员及公众进行反腐倡廉教育，营造谴责和监督腐败行为的良好社会环境。而大学生作为"重要公众"，该群体的廉洁教育已成为世界各国反腐道德教育的重要组成部分。概览世界上不同国家和地区的大学生廉洁教育，其经验主要有以下三点。

（一）注重学科支撑

较之于我国廉政理论研究的历史，西方发达国家具有更为扎实的理论和社会基础。与此相应，西方发达国家的大学生廉洁教育以政治社会化、政治心理学、社会控制论、品格教育等为理论指导，通过教材和课程资源建设形成了有力的学科支撑。英国高校的道德教育主要通过增加人文学科的比重来实现。例如：牛津大学、爱丁堡大学等许多高校都设立了道德研究和实验机构，这些机构的理论与实践研究极大地推动了学校道德教育的深入发展。20世纪70年代以来，英国各级各类学校普

遍使用了《生命线》系列教科书，通过课程教学提高学生的道德判断力，养成诚信、守法的廉洁品质。法国注重从教育角度着手预防腐败，除了引导大学生参与民间组织的大规模廉洁教育活动外，更多地通过在大学和某些职业培训中心开设专门课程来完成大学生廉洁教育。德国将远离腐败和抵制腐败明确纳入学校道德教育的总目标，把预防职务犯罪列为学校教材及公务员教材的重要内容，在高校和职业培训中心开设廉洁教育专门课程，通过各种形式进行经常性的预防职务犯罪教育。美国高校普遍重视大学生诚信、法治等品格教育，广泛开展校园伦理道德教育项目。

（二）依托项目运行

提高大学生的廉洁意识及其技能是一项系统的教育工程。一些国家对大学生廉洁教育采取了项目化运行的方式，通过特有的组织和制度形式保障廉洁教育获得必要的知识、技能、工具和技术，极大地改善了大学生廉洁教育的实际效果。

英国专门成立了"公共生活标准委员会"，并早在1995年发表的报告中，就提出了无私、正直、客观、负责、公开、诚实和发挥典范作用的七项原则。全英大学生联合会积极参与公民宪章运动，颁布了大学生公民宪章，把公共服务的内容、标准、责任等公之于众，自觉接受监督并提高服务质量。韩国腐败防止委员会定期开展腐败防止政策的宣传活动，通过开展"廉洁之岛"国民运动确立社会及其公职人员的伦理意识。

第五章　独具特色的西北工业大学廉洁文化

西北工业大学（简称"西工大"）作为一所建校历史悠久、国内知名度高的985、"双一流"建设高校，有着自己独特的廉洁文化制度体系。学校党委秉承为社会主义现代化建设培养合格建设者和可靠接班人的理念，通过丰富多彩的活动形式、深入人心的情感感化、引以为豪的科技产品，以及以文化人的气氛烘托开展一系列大学生廉洁文化教育实践，取得了显著的成效。

第一节　西北工业大学廉洁文化制度体系

西北工业大学，名校底蕴深厚，民族筋骨强健。1957年由西北工学院和西安航空学院合并成立，1970年哈尔滨工程学院航空工程系又整体并入西北工业大学。西北工业大学书写了新中国历史上的多个"第一"，全国第一架小型无人机、第一台地效飞行器、第一型50公斤级水下无人智能航行器和第一台航空机载计算机均诞生在这里，也是连续两次被授予"重大贡献奖"的唯一高校。西北工业大学在廉洁文化建设的实践中，把制度建设作为一项基础工作，通过逐步建立健全规章制度，狠抓制度落实，做好制度宣贯，有力推进了学校廉洁文化建设进程。

一、西北工业大学简介

西北工业大学坐落于陕西西安，是一所以发展航空、航天、航海等领域人才培养和科学研究为特色的多科性、研究型、开放式大学，是国家"双一流大学"建设高校（A类），隶属于工业和信息化部。学校1960年被国务院确定为全国重点大学，"七五""八五"均被国务院列为重点建设的全国15所大学之一，1995年首批进入"211工程"，2001年进入"985工程"，是"卓越大学联盟"成员高校，是"一带一路"航天创新联盟发起高校。建校以来，学校全面贯彻党的教育方针，秉承"公诚勇毅"校训，弘扬"三实一新"（基础扎实、工作踏实、作风朴实、开拓创新）校风，确定了"五个以"（以学生为根、以育人为本、以学者为要、以学术为魂、以责任为重）的办学理念。在扎根西部、献身国防的建设历程中，学校始终坚持立德树人、育领军人才，始终坚持科技创新、铸国之重器，始终坚持与时俱进、担时代大任，为党和国家事业发展做出了重要贡献，书写了新中国历史上的多个"第一"，为武器装备研制、国防领域关键核心技术自主安全可控和西部建设提供了有力支撑，是连续两次被中共中央、国务院、中央军委联合授予"重大贡献奖"的唯一高校。学校先后获得"全国文明单位""全国文明校园""全国毕业生就业典型经验高校""全国民族团结进步模范集体""全国创先争优先进基层党组织"等荣誉称号和表彰奖励。今天，西工大在加快建设中国特色世界一流大学和一流学科进程中仍然续写着新的辉煌。

二、西北工业大学廉洁文化制度

为不断提升学校治理体系和治理能力的现代化水平，学校开展了规章制度规范化建设工作，成立了规章制度建设工作小组，研究制定加强规章制度规范化建设工作方案，全面梳理学校制度规定、各类议事小组规则；加强顶层设计，制定了学校规章制度建设管理规定、规章制度起草技术规范、规章制度建设工作小组议事规则等。学校还组织召开了5场规章制度规范化建设工作交流研讨会，31个职能部门及独立核算单位负责人在前期规章制度梳理的基础上，分别汇报了规章制度规范化建设工作开展情况，分析了存在的主要问题，提出了进一步推动相关工作的思路和举措；召开了规章制度建设工作阶段性总结会，从制度建设工作进展、阶段性工作成果、工作中存在的问题和下一步工作计划四个方面对相关工作开展情况进行了总结，部分单位分享了制度建设工作的经验做法。经过近一年的努力，总共梳理了校级规章制度511项，其中拟制定64项，拟修订130项，拟保留241项，拟废止76项，有力推动学校治理体系的不断完善，进一步推进廉洁文化建设。

在加强制度建设的同时，学校纪委始终注重推进廉政廉洁文化宣传教育，加强制度宣贯，自2016年起共组织开展了四轮制度宣贯。以2020年为例，以"守纪律讲规矩，强化制度意识"为主题，组织了8场政策法规联合宣讲。宣讲由纪委办公室联合党委教师工作部、科学技术研究院、研究生院、国际合作处、招标与设备采购中心、财务处、国有资产管理处、发展规划处共9个部门，摸清需求、主动服务，就党纪党规、师德师风、科研政策、研究生教育、因公出国（境）、招标采购、经费管理、固定资产管理、"双一流"专项资金申报等事项，深入基层、走进教师，主动为基层答疑解惑，参与教职工2 100余人次。这8场主题宣讲总体上呈现出以下特点：

一是创新宣讲方式，精心组织谋划。受新冠疫情防控影响，2020年度联合宣讲均采取线上会议方式进行，教师足不出户，就可以便捷地了解到学校相关政策制度，省时省力，该方式受到各方一致好评。在联合宣讲策划阶段，相关职能部门指定处级干部成立联合宣讲团，就各领域需要宣讲的制度和事项开展多轮讨论，学校纪委书记严格审核宣讲主题，宣讲团向基层单位提供了分为9方面15个主题的模块化菜单，主办学院在广泛征求教职工意见的基础上反馈重点宣讲主题。宣讲团根据基层需要选择主题，对标上级要求，反复打磨课件，在单位内部进行研讨试讲，为联合宣讲的顺利举行做好准备。

二是基层高度重视，教育覆盖面广。航空学院党委、航天学院党委、航海学院党委、材料学院党委、机电学院党委、动力与能源学院党委、理学院联合党委、管理学院党委作为此轮联合宣讲的主要承办单位，高度重视、精心组织，积极与其他基层党委（党总支）沟通协调时间、商讨议程、组织教职员工踊跃参与，开设连线分会场，为联合宣讲顺利开展提供了基本保证。政策法规联合宣讲共举办了8场，实现学校35个基层党委、党总支全覆盖。

三是主题内容丰富，宣讲实效明显。联合宣讲涉及案例警示教育、师德师风、学术道德、科研业务网上办理、科技奖励、专利转化、研究生教育政策、教职工因公出国（境）政策、招投标政策、货物及服务类合同审签政策、科研财务政策、个税法实务解析、财务报销注意事项、固定资产管理和公房核算政策、"双一流"专项资金申报等15个主题，宣讲内容中既有上级政策宣贯也有校内制度解读，既有红线底线要求又有具体案例分析，既有网上办事流程展示也有关于进一步改进工作的思考。在宣讲过程中，参会教师认真听、仔细记，不时提出问题进行线上互动交流，宣讲成员就教师关心的问题耐心解答。教师纷纷表示，宣讲内容丰富、形式创新，收获很大，同时对宣讲团的辛勤付出表示感谢。

四是领导高度重视，全程参与指导。学校党委副书记、纪委书记张海兰全程参与并指导此轮政策法规联合宣讲，亲自对宣讲主题和课件逐一审核把关，并在每场联合宣讲中为大家带来开讲词，对不断改进完善联合宣讲提出意见建议。她在开讲词中讲到，此次政策法规联合宣讲是贯彻落实党的十九届四中全会精神的重要举措，是推动学校相关政策制度落实落地的有力措施，同时也是机关职能部门主动服务基层、服务教师的具体行动。她要求各宣讲单位在加强制度执行情况检查的同时，注重收集意见、建议，不断提高制度建设的科学性、系统性和有效性，要常态化主动开展法规政策答疑解惑。同时对广大教职工提出希望和要求：首先，希望教职工强化规矩纪律意识，廉洁从教、廉洁从研，把对制度的敬畏，转化为从教、从研的准则和自觉行动意识；其次，希望教职工以德立学、以德施教，强化"学生为根、育人为本"意识，树立良好师德师风，恪守学术道德规范，给青年学生做好表率、当好人生领路人；最后，要求各级党员干部做到以身作则、廉洁自律，不断增强制度意识和带头执行制度的自觉性。

针对师德师风和学术不端问题，学校制定了《西北工业大学师德师风建设工作方案》《西北工业大学关于加强研究生导师师德师风建设的指导意见》《西北工业大学教师师德失范行为处理办法》《西北工业大学师德考核实施办法（试行）》《西北工业大学学术道德规范及管理办法》《西北工业大学学术不端行为处分规定（试行）》等规章制度。在学生管理方面，学校制定了《西北工业大学学生管理规定》《西北工业大学学生违纪处分管理办法》等规章制度。

▶ 延伸阅读

西北工业大学党风廉政宣传教育联席会议工作办法

第一章　总　则

第一条　为更好开展学校党风廉政宣传教育工作，努力营造党风廉政"大宣教"格局，根据上级有关精神，结合我校实际，特制定本办法。

第二章　会议的主要内容

第二条　学习传达贯彻党中央及上级党委（党组）、纪委（纪检组）有关党风廉政宣传教育的工作部署和要求。

第三条　安排部署学校党风廉政年度宣传教育工作，监督检查和通报年度工作计划的落实情况以及研究相应问题的解决措施。

第四条　组织协调全校性的党风廉政宣传教育和廉政文化建设活动。

第五条　组织协调和研究解决其他相关事项。

第三章　会议成员单位的组成及职责分工

第六条　联席会议成员单位由学校办公室、党委组织部、党委宣传部、党委学生工作部、纪委办公室、机关党委、人事处、科学技术研究院、工会、团委等组成，各单位负责人为成员。

第七条　联席会议内容涉及其他部门时，邀请相关部门负责同志参加。

第八条　纪委办公室负责组织制定学校党风廉政宣传教育工作规划和廉洁文化宣传教育月活动计划，分解落实各项工作任务。重点针对五六级领导人员和廉政风险较高的重点部门及工作人员，通过各种渠道和途径，大力开展廉洁自律教育、党纪政纪条规教育、正面典型示范教育、警示教育，努力筑起党纪国法防线。

第九条　党委组织部要把反腐倡廉教育贯穿于干部培养、选拔、管理、使用等各个方面。把反腐倡廉教育纳入党校、各级各类干部培训计划；将领导干部廉洁自律纳入民主生活会内容。针对党员和干部，大力开展党的理想信念教育、宗旨教育和党的优良传统及作风教育，教育党员严格遵守党章党规，教育干部正确运用手中的权力。

第十条　党委宣传部负责把党风廉政建设和反腐败宣传教育纳入全校宣传思想工作总体规划，加强新闻宣传和舆论引导，开展喜闻乐见的廉洁文化宣传教育活动；将党风廉政建设和反腐倡廉理论作为各级党委中心组学习的重要内容，深入推进学习型党组织建设，努力筑起思想道德防线。

第十一条　学校办公室主要牵头抓好校务公开、院务公开和处务公开工作，加强组织协调和督办督查，保证和谐的校园氛围。

第十二条　校工会主要利用教代会和各种活动，加强和谐校园建设和廉政文化建设，在教职工中开展师德师风和廉洁教育、社会公德和家庭美德教育，使反腐倡廉教育进入社区，进入家庭。

第十三条 机关党委主要面向机关工作人员，利用各种活动积极开展艰苦奋斗教育、机关作风教育、廉洁自律教育和正反面典型教育，保证机关人员的廉洁、公正和高效。

第十四条 党委学生工作部、团委负责在学生中开展廉洁诚信教育、校风校纪教育。

第十五条 科学技术研究院主要面向科研人员，进行政策法规及廉洁自律教育，组织开展学术道德、学术诚信主题教育活动。

第十六条 人事处负责在教职工中开展廉洁从教、师德师风、爱岗敬业和校纪校规教育。

第四章　会议的工作机制

第十七条 信息沟通机制。联席会议成员单位要及时向联席会议办公室报送开展党风廉政宣传教育的有关信息。

第十八条 工作协调机制。对贯彻上级部署、涉及全校性的党风廉政宣传教育重大活动等事项进行协调磋商，提出活动方案和措施建议。

第十九条 分工负责与合力机制。联席会议各成员单位应各司其职、各尽其能、加强协作，认真落实和按时完成联席会议确定的各项任务，切实推动学校党风廉政宣传教育工作的开展。

第五章　会议的组织及召开

第二十条 联席会议由校纪委书记或纪委副书记负责召集并主持。

第二十一条 联席会议办公室设在纪委办公室，负责各成员单位间的沟通协调和具体工作的督办落实。

第二十二条 联席会议原则上每年召开一次，在推进工作过程中可根据实际需要随时召开。

第二十三条 联席会议的议题和内容可由各成员单位提出，提前报联席会议办公室。办公室汇总后，将会议时间和内容通知各成员单位。会后，由联席会议办公室整理会议纪要，发各成员单位。

第六章　附　则

第二十四条　本办法由纪委办公室、监察处负责解释。

第二十五条　本办法自印发之日起施行。原《党风廉政宣传教育联席会议制度》（校纪字〔2016〕11号）同时废止。

第二节　西北工业大学廉政建设实践

为贯彻落实十九届中央纪委历次全会精神，落实《关于加强新时代廉洁文化建设的意见》有关要求，进一步从思想上固本培元，提高党性觉悟，增强拒腐防变能力，西北工业大学通过开展廉政建设活动与各基层党组织特色活动联动模式，丰富教育形式内容，强化教育实效，夯实不敢腐、不能腐、不想腐一体推进的思想根基，营造浓厚的崇廉尚廉氛围，督促党员干部自觉加强党性修养，涵养校园廉洁文化。

一、强化理论武装，增强政治定力

理想信念是共产党人的精神之"钙"，党员、干部必须解决好世界观、人生观、价值观这个"总开关"问题。西北工业大学党员、领导、干部和师生聚焦学习习近平总书记重要讲话精神，尤其是关于党风廉政建设和廉洁文化建设的重要论述，切实筑牢信仰之基、补足精神之"钙"、把稳思想之舵，不断提高政治判断力、政治领悟力、政治执行力。学习的具体措施为：一是坚持"首要议题"制度。把学习传达、研究落实习近平总书记重要讲话和指示批示精神作为学校党委常委会会议和纪委全委会会议首要议题。学校党委常委会第一时间集体学习了《关于加强新时代廉洁文化建设的意见》并研究贯彻落实意见，学校纪委通过纪委全委会、书记办公会及党风廉政建设宣传教育联席会的形式开展学习和研讨，在校内掀起廉洁文化宣传教育热潮。二是加强组织领导。全面、准确、深入贯彻落实深化中管高校纪检监察体制改革意见，调整内设机构，明确廉政廉洁教育和廉洁文化建设职能职责和责任部门，加强廉洁文化建设顶层设计和统筹推进其实施。学校纪委下发《关于组织开展2022年廉洁文化宣传教育月活动的通知》及相关学习资料，组织开展党章党规党纪和法律学习、"腐败实质与廉洁责任"主题辅导报告、革命传统教育、警示教育活动、红色家风传承活动、廉洁文化作品展、党风廉政和廉洁文化知识网上答题等"九个一"活动。各基层党委（党总支）积极动员部署，制定宣传教育月工作方案，组织开展党章党规党纪和党风廉政建设专题学习。数学与统计学院党委下发院内正式通知，逐一落实学习内容；365所党委组织讲授"学党规 明党纪 促廉洁"专题党课；化学与化工学院党委面向学生讲授"廉洁修身 诚信做人"专题思政课。三是提升工作作风。各基层党委（党总支）结合工作实际，将廉洁文化学习成果转化为提升工作作风的具体行动。机关党委开展"亮身份、践承诺"活动，力争走在前、做表率，加强机关作风建设；电子信息学院党委在院内开展作风监督检查工作，聘任11名师生为作风监督员，对学院机关人员工作态度和效率等进行监督检查，提升服务师生水平与能力。四是切实加强自身建设，锻造纪检监察铁军。强化政治建设，确保纪检监察队伍对党绝对忠诚的思想意识。强化政治理论和纪检监察业务学习，建立健全内部学习研究机制，每周三下午为固定学习研讨时间，本年度开展集中研学、案例分析、专题研讨等15次学习，全面提升纪检监察队伍政治素养和业务能力。

二、强化纪法敬畏，守牢底线红线

坚持警示震慑和示范引领相结合，将廉洁要求贯穿于日常教育管理监督之中，教育引导广大党员领导干部以案为鉴、闻警自省，心有所戒、行有所止。一是发展积极健康的党内政治文化，营造风清气正的良好政治生态。各基层党组织开展党章党规党纪学习，教育引导广大党员严格遵守党章，严格执行新形势下党内政治生活的若干准则，加快推动党内政治生活全面回归健康规范的轨道。二是开展警示教育。加强对年轻干部的教育管理监督，纪委办公室、机关党委组织年轻党员干部近200人赴西安市警示教育基地开展学习，以案说法、以案释纪，强化廉洁自律意识，引导年轻干部系好第一粒扣子。三是传承红色家风。把家风家教建设作为领导干部作风建设的重要内容。长三角研究院党支部组织教职工参观学习太仓市家风馆，力学与土木建筑学院党委等9个单位组织党员领导干部前往陕西省家风馆开展廉洁文化教育活动，传承弘扬家风文化，引领党员修身律己、廉洁齐家。四是持续纠治"四风"。纪委办公室开展新任五、六级领导人员集体廉政谈话2次，元旦、春节、清明节、劳动节、端午节等重要节点向学校处级干部发送廉洁过节提醒邮件1 375人次、开展明察暗访7次，持续纠治"四风"。五是防控廉政风险。深化重点领域日常监督，对人员招聘、评聘考核、研究生招生、特殊类型本科生招生等开展监督，督促相关部门严格规范开展工作。各基层党委（党总支）开展党风廉政风险点排查，主要责任人签订党风廉政责任书。动力与能源学院党委出台《高值耗材管理办法》《自聘人员管理办法》，严格把控科研团队经费使用，规范化管理自聘人员，完善管理薄弱环节。

三、以文润心，涵养廉洁自律初心

新时代廉洁文化植根于革命文化和中华优秀传统文化之中，面向校内师生开展廉洁文化教育实践活动，弘扬科学家精神，加强人才思想引领，增强廉洁文化的感染力与影响力。一是开展革命传统教育。传承革命先辈的清正廉洁风范，外国语学院大学英语教学部党支部参观学习了八路军西安办事处纪念馆，感悟先辈们艰苦奋斗、廉洁奉公的革命精神。航天学院党委、工程实践训练中心党总支组织师生赴航天液体动力展示中心，学习新时代航天人奉献、报国的精神，弘扬科学家精神，在红色教育中传承党的廉洁基因。二是加强宣传阵地建设。开通"风清工大"微信公众号，推送内容丰富、形式多样、针对性强的廉洁廉政宣传教育作品15期，完善纪检监察机构网站建设，大幅增加廉洁廉政宣传教育内容，开展面向教师和干部的廉洁党课送讲4次。三是举办校园廉洁文化作品征集与优秀作品展。纪委办公室举办警示教育漫画展，党委学生工作部、纪委办公室、党委教师工作部、工会、离退休党委在师生中开展校园廉洁文化作品征集活动，包括书法、绘画、照片、短视频等，举办优秀作品展，表达以清为美、以廉为荣，传播廉洁文化理念。四是开展学生特色廉洁教育活动。党委学生工作部、团委在学生中组织开展第七届"廉洁诚信从我做起"教育活动，图书馆党总支荐读10种廉政廉洁教育图书，软件学院党委在全院范围开展"弘扬廉洁文化 厚植清廉校园"主题团日活动，材料学院党委开展廉洁诚信主题绘画活动，丰富育人载体，增强学生廉洁诚信意识。

第三节　西北工业大学廉洁文化教育实践

开展大学生廉洁意识教育，要从青年学生成长成才的实际出发，遵循青年人才成长的客观规律。大学生廉洁意识教育既是一项具有前瞻性的、需从源头上预防腐败现象滋生蔓延的系统工程，又是构建廉洁社会、培养社会主义合格建设者与接班人的重要保证，因此，将廉洁意识教育纳入国民教育体系中是十分必要的。大学生廉洁意识教育要做活、做深、做足，深入人心，需要摒弃传统的填鸭灌输式说教，丰富廉洁意识教育的方式方法，多角度、多渠道地对大学生进行廉洁意识教育，促使大学生确立一个健康的心智模式。

一、活动式教育

活动式教育注重受教育者的体验，受教育者通过有计划、有目的地参加各种主题类型的实践活动，培养和训练出所期待的思想品德与行为习惯。在实施大学生廉洁意识教育的过程中，西北工业大学寓教于乐，积极开展大学生廉意识教育活动。其对大学生廉洁意识的教育从"看、听、说、干"四方面着手开展"走出去"活动："看"廉洁人文场所，经常组织大学生参观各种廉洁意识教育场所或基地，如红色教育基地、革命纪念馆、警示教育场所等，通过观摩体验方式让大学生亲身感受廉洁文化，引导大学生树立廉洁人格、继承优秀传统精神；"听"廉洁文化知识，就是要听老前辈的艰苦创业史、廉洁知识讲座、廉洁专题党课和先进事迹报告等，使大学生亲耳所闻，自觉提高廉洁内涵；"说"身边腐败现象和廉洁典型，就是与老干部、老红军等先进人物相互交流、共品生活，在沟通交流中引起廉洁共鸣；"干"就是开展社会实践活动，如参加暑期"三下乡"、访贫问苦送温暖、青年志愿服务结对帮扶等实践活动，让大学生深入各种企事业单位和党政监察机构开展社会廉洁服务或进行廉洁调查，以实际行动践行廉洁理念。同时，与"看、听、说、干"的校外活动式教育相适应，高校进行大学生廉洁意识教育活动应将廉洁意识教育带到"第二课堂"，辅之"读、学、看、考、助"的教育方式。"读"即以学生社团为平台，开展以弘扬廉洁文化意识为主题的读书思廉活动，也即学习廉洁教育资料、撰写心得笔记、展开学习交流、提高廉洁认知水平；"学"即学习党的廉洁基本理论和廉洁规范，搭建"廉洁大讲堂""道德讲堂"等学习平台，抓好理想信念和作风建设、思想道德和荣辱观教育，在学习过程中筑牢大学生的党纪国法的思想防线；"看"即观看各种相关的廉洁教育影视片、廉政建设及展览和廉洁主题教育文艺演出等，在休闲娱乐中享受健康高雅的"精神大餐"，在鲜活的舞台形象中感受英雄气概，从而得以牢记廉洁价值观；"考"即定期对大学生加以廉洁知识考试，组织反腐倡廉知识问答、廉洁知识竞赛等，督促大学生不断学习廉洁法规知识、增强廉洁自律意识；"助"即借助以上各种活动方式，共同助力，使其形成合力，助推大学生廉洁意识的养成。

总之，要本着形式多样、内容丰富、寓教于乐的方针，积极探索大学生喜闻乐见、易于参与的活动形式，使大学生廉洁意识教育活动更加具有吸引力、渗透力、感染力。同时，贴合时代发展，要以新闻传媒、廉洁教育基地、廉洁实践活动、高校"第二课堂"、公共设施为载体，大力开展宣传教育活动。此外，高校要注重运用文化艺术形式开展大学生廉洁意识教育活动，积极引导大学生自发地创作出融思想性、艺术性、观赏性于一体的满足大学生成长成才需求、体现廉洁理念的优秀文化精品。通过观看、聆听、访谈、体验等综合式的廉洁意识教育活动，营造出多方位、深层次的廉洁意识教育氛围，给大学生以深刻的感悟和启迪，从而进一步提升廉洁意识教育的实效性。

▶ 延伸阅读

西北工业大学各学院开展廉洁文化活动

航海学院以家庭经济困难学生为中心，以受助学生中的共产党员为引领，多次邀请学院领导、优秀教师党员、荣获国家奖助学金的优秀学生为师生们进行党史、诚信教育专题讲座；同时，开展系列以资助育人为主题的学生座谈会，鼓励学生恪守诚信，引导学生树立正确的价值观。

材料学院在毕业生即将迈入社会的重要时刻开展了"廉洁诚信，从我做起"主题宣讲活动，学院党委书记付前刚讲授最后一节党课，激励学生在新的岗位上发挥青年人的才能，积极建功立业；党委副书记刘伟做廉洁诚信从业专题报告，希望同学们能够树立正确的从业观念和养成廉洁诚信的品质。

为积极营造"诚信、守法、勤俭"的廉洁文化氛围，培养学生廉洁奉公、诚信守法的意识，计算机学院在全院范围内开展了"清正在德，廉洁在志"专题团日、廉洁诚信创意图文大赛、党委书记讲课——"工大最后一课"等主题教育活动。

计算机学院廉洁诚信创意图文大赛部分作品

化学与化工学院开展了讲授廉洁诚信思政课，举办了廉洁文化主题活动，引导广大党员干部和师生崇廉拒腐、廉洁修身，营造风清气正的良好氛围。

化学与化工学院廉洁诚信思政课活动

管理学院开展了"廉洁诚信，努力成为德才兼备的栋梁之材"——"工大最后一课"主题教育活动，进一步促进毕业生坚定理想信念，树立爱校爱国情怀。

管理学院"工大最后一课"

生命学院利用线上平台开展了第六届"廉洁诚信、从我做起"主题党课教育活动，重点介绍了大学生诚实守信的重要性，引导学生树立正确的人生观、世界观和价值观。

生命学院线上开展廉洁诚信主题党课教育

马克思主义学院于2021年6月17日组织各班级开展了"廉洁诚信，从我做起"主题班会，班会中的定义阐释和案例分析进一步加深学生对"廉洁"与"诚信"的认识与理解。

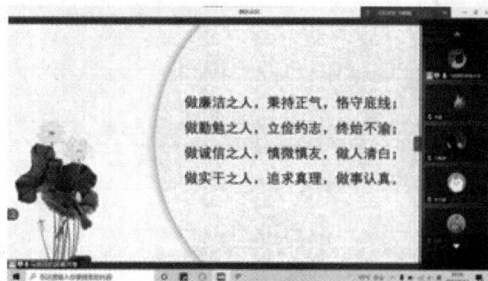

马克思主义学院主题班会

2021年6月下旬，网络空间安全学院线上组织了"继承清廉本色，牢记初心使命"主题教育会议，开展了廉洁诚信教育活动，弘扬党的光荣传统和优良作风。

民航学院开展了"廉洁诚信，从我做起"主题教育活动。活动主要进行了讲党课、课件展示、宣誓动员大会、纪律检查委员与党支部各支委谈话等活动，旨在提升学生的廉洁自律意识、遵规守纪意识。

民航学院主题教育活动

二、情感式教育

情感式教育尊重大学生的主体地位，重感化、轻灌输，主要通过案例教学、情景模拟、人物感染等形式来展开教育。列宁说，没有"人的情感"，就从来没有也不可能有人对于真理的追求。对大学生进行廉洁意识教育，要讲真话、讲实话，禁止空洞说教。由于廉洁意识教育的政治性比较强，对传统的思想政治教育方式比较依赖，教育过程往往会出现被动灌输理论而吸引力不足、效果不佳的情况。为此，要充分发挥廉洁意识教育的教育人、引导人、激励人、塑造人的效果，改善教育教学方式，重视教育参与者之间的情感沟通和交流，循循善诱、入情入理地进行启发式教育，及时发掘身边的教育素材，用身边事教育身边人，灵活运用正反面素材施教。从情感教育视角出发，大学生廉洁意识教育要具有生活化、人性化、情感化，让大学生在无意识间感受到春风化雨、丝丝入微、常润心田般的教育效果。廉洁意识教育的情感化，要"将情感有目的、有意识地与反腐倡廉教育结合起来，把反腐倡廉教育内容中传递出的情感和被教育者激活的情感融合在一起；教育者通过案例教学，情景模拟，加强与被教育者之间的情感交流，使反腐倡廉教育思想深入受教育者的内心世界；通过情感教育打动被教育者，让他们真正体会到腐败问题的严重性，在心理上构筑起反腐败的第一道'防火墙'，从而达到杜绝腐败的教育目的"。

以榜样的力量感化教育大学生，把抽象的说理化成生动具体的典型人物，催人奋进，是情感式教育的常用方法。榜样感化教育富有感染性、可接受性，能够增强说理教育的说服力，形象地为大学生指明了正确的努力方向，教育人、激励人向善向上。榜样的廉洁性具有深刻的代表性和先进性，有针对性地运用这种榜样特质来启发大学生的思想观念、激励大学生的反腐斗志、引导大学生的廉洁行为，是促使大学生永葆廉洁之心、固守廉洁之志的精神引领。此外，大学生廉洁意识教育应该充分发掘我国社会主义革命和建设历史上的廉洁型榜样来教育大学生。在革命年代，刘胡兰、黄继光、邱少云等革命榜样，沉淀出的红色精神仍是值得大学生继承的光荣传统精神；在建设时期，雷锋、王进喜、焦裕禄、孔繁森、牛玉儒等优秀党员干部，发挥了巨大的感召效应，艰苦创业、为民服务的精神是当时廉洁意蕴的内核。历史上涌现出的榜样在现时代仍熠熠生辉，彰显他们的价值、挖掘他们的思想、学习他们的精神，是大学生廉洁意识教育的重要内容。

教育者率先垂范，以人格力量感化教育普通学生。高校大学生廉洁意识教育队伍主要包括党政团专职干部、各职能部门相关人员、思想政治理论课教师及其分管院系学生工作者，他们分别担负着对大学生廉洁意识教育的管理、教学、研究等职责，他们的思想素养、政治素养、廉洁素养、知识素养、文化素养和技能素养等都影响着大学生廉洁意识的养成。教育者要廉洁为人、廉洁从教、廉洁从业，树立起正确的金钱观、权力观和育人观，加强以学习教育法规、教师职业道德规范为主要内容的师风师德建设，切实贯彻落实党中央关于廉洁教育的战略部署，努力营造出明礼诚信、清正廉明、勤劳节俭、爱国奉献的校园风尚。同时，教育者的人格魅力能够感化大学生积极效仿，以身作则，以情化人，使其愉悦受教，唤起学生的情感共鸣，促进大学生廉洁意识教育实现由知、信到行的升华。当然，为人师表要言传身教，让自己本身就具有共产主义道德和重诚信、讲廉洁的价值符号，从而发挥教育引领作用，进一步消除廉洁意识教育活动中的"理论化妆"，积蓄人格力量，做好清正廉洁示范。

▶ 延伸阅读

西北工业大学各学院开展红色研学、知识竞赛等活动

2021年6月29日，机电学院开展了红色研学活动，组织师生党员前往洛川会议遗址重温光荣历史，学习革命精神，坚定理想信念。同时，组织开展了主题为"弘扬五四精神，引领时代青年"的手抄报大赛，通过比赛促进学生深入认识廉洁诚信的重要意义。

机电学院组织党员前往洛川会议遗址学习革命精神

机电学院手抄报比赛作品展示

　　力学与土木建筑学院组织师生前往延安开展了"俭以养德，静以修身"的廉洁诚信教育和线下党课学习活动，促使全院师生不忘初心、牢记使命，以史为鉴，做一个担当民族复兴大任的时代新人。此外，力学与土木建筑学院建筑学系党支部学生用绘画来记录革命圣地延安的时代历程，以此激励学生不忘初心，传承革命精神。

力学与土木建筑学院"俭以养德，静以修身"主题党课学习

力学与土木建筑学院建筑学系前往延安进行廉洁教育学习

力学与土木建筑学院建筑学系学生从延安返校后创作的绘画作品

软件学院开展了"廉洁修身，诚信做人"主题教育活动。通过制作横幅、参观校史馆、观看廉洁诚信主题视频、征集文稿、主题班会等多种活动形式，号召全院全体学生做廉洁人，做诚信人。

软件学院"廉洁修身，诚信做人"主题教育活动

2021年6月22日，伦敦玛丽女王大学工程学院、马克思主义学院与生态环境学院联合举办"廉洁诚信，从我做起"主题知识竞赛，促使学生树立廉洁自律意识，积极践行廉洁诚信从我做起。

"廉洁诚信，从我做起"主题知识竞赛活动

　　无人系统技术研究院开展了廉洁诚信竞赛、教育课堂、照片展等主题教育活动。同时，还开展了"守规矩　倡廉洁　树清风正气"专项学习，倡导契约精神，促使师生树立诚信观念、增强法律意识。

无人系统技术研究院开展各种廉洁主题教育活动

三、以文化人式教育

以文化人式教育，是一种智能文明与精神文明相结合的教育形式。校园是大学生汲取知识的殿堂，校园的文化氛围对大学生各方面的素质的养成具有直接的影响。高校除了传授知识，还要着力培养大学生成为一个人格健全、廉洁自律的公民。开展师生思想品德教育，加强廉洁校园文化建设是大学生廉洁意识教育的重点环节。校园文化包括智能文化、物质文化、规范文化、精神文化等，其反映了广大师生在校园里的生活方式、价值取向、思维方式和行为规范等，维系着校园的凝聚力和向心力。"廉洁校园文化是以校园为空间，以学生、教师为参与主体，以廉洁自律精神文化为核心的廉洁物质文化、廉洁制度文化、廉洁行为文化相统一的具有时代特征的一种群体文化。"以崇廉敬廉为核心，廉洁俭朴、洁身自好的校园文化是引领全社会廉洁文化发展的主阵地。同样，大学生廉洁意识教育也需要廉洁校园文化的熏陶，以文化人，不断增强大学生明辨是非的能力，引导大学生的理想信念、思想观念和行为习惯的养成。

随着市场经济向高校的渗透，各种社会文化在大学生中的影响愈发巨大。其中，"腐败文化是党和政府明确反对、人民群众坚决谴责的，但却是腐败者和潜在的腐败者信奉和认可的，其是以个人、家族、小集团为圆心，以个人主义、功利主义、享乐主义为半径的，封闭的、腐朽的、落后的理论、理念、行为选择和潜规则体系"。廉洁校园文化建设，要努力使大学生成为有道德、有诚信、有气节、有人格的人，使他们成为廉洁的价值符号象征，培养大学生的文化批判精神。正如邓小平同志所指出的，反对腐败"必须把肃清封建主义残余影响的工作，同对于资产阶级损人利己、唯利是图思想和其他腐化思想的批判结合起来。"为此，廉洁校园文化的正面引导与对社会腐败文化的反面批判相结合，是增强大学生廉洁意识，促进其进入社会，实现人生价值文化洗礼的必然路径。

开展丰富多彩的文化主题教育和实践活动是营造廉洁文化环境、养成大学生优秀廉洁品质的重要路径。高校应统一规划校园廉洁公共设施建设，加强整治校园周边环境，搭建综合性的廉洁宣传平台，消除社会不良影响，从而为开展校园廉洁文化活动创造条件。同时，高校要精心编撰反腐倡廉教育的系列读物，创作廉洁校园文化精品，引入多样的文化艺术作品，学习传统的廉洁经典等，采取让廉洁书籍"上架"、让廉洁作品"上台"、让廉洁教育"上墙"等多样化的熏陶方式，组织大学生对各类廉洁文化精品进行阅读和欣赏，进而逐渐养成良好的廉洁意识教育人文环境。总之，廉洁校园文化建设，要以科学的理论武装人、以正确的舆论引导人、以高尚的精神塑造人、以优秀的作品鼓舞人，把廉洁的理念和精神贯穿于大学生学习生活的方方面面，让学生廉洁修身，让教师廉洁从教，让管理者廉洁从政。

▶ 延伸阅读

西北工业大学开展廉洁文化作品展

动力与能源学院面向全院学生开展"廉洁诚信，从我做起"作品征集活动，其中包含绘画与书法作品征集、电子海报与摄影作品征集、微党课视频作品征集等，进一步强化了学生思想道德素质和党纪国法意识。

一等奖：薛宇奇（海报）　　　张煜森（海报）　　　　　　江珉奥（海报）

二等奖：
范智翔（海报）　　　高浩云（海报）　　赵乐（海报）　　吴胜泽（书法）

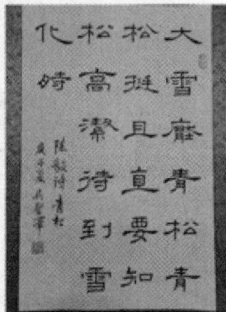

"廉洁诚信，从我做起"优秀作品展

　　电子信息学院、物理科学与技术学院于2021年6月16日至24日联合面向全校师生组织开展以"廉洁诚信，从我做起"为主题的"书写廉洁，诚传校园"书法大赛，全校50名学生报名参加，进一步推进了学校廉政文化建设和诚信教育工作，营造了廉洁诚信的校园文化氛围。

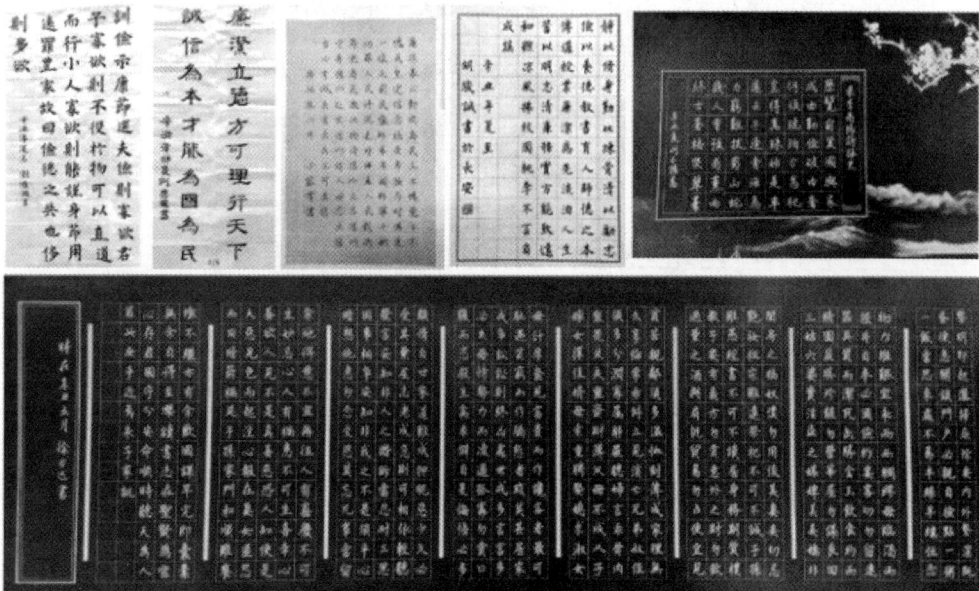

"书写廉洁，诚传校园"书法大赛优秀书法作品展示

　　自动化学院于2021年6月上旬面向全院师生开展了"诚信做人、诚信做事"主题教育图片展活动。本次展出的图片包括历史诚信故事、当代诚信事迹、诚信漫画图片等，旨在以图片展的形式在广大师生中宣传诚信美德。

"诚信做人、诚信做事"主题教育图片展（一）

"诚信做人、诚信做事"主题教育图片展（二）

数学与统计学院于2021年6月12日至21日开展了"廉洁诚信伴我行"主题教育活动。通过张贴海报、征集廉洁诚信标语等形式，大力营造崇廉尚洁的校园文化氛围，增强学生廉洁诚信意识。

外国语学院开展了廉洁诚信作品征集、演讲比赛，诚信就业、考试主题班会等系列活动，旨在营造清正廉洁校园氛围，增强学生廉洁诚信、廉洁从业意识。

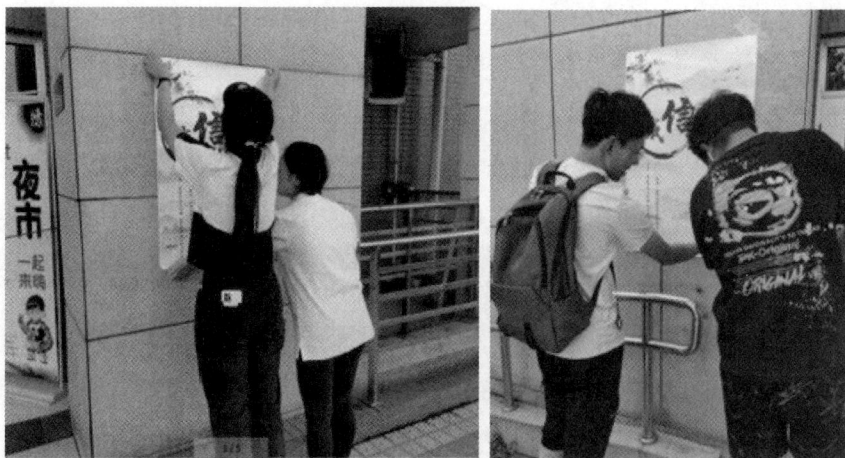

张贴"廉洁诚信伴我行"主题教育活动海报

四、新媒体教育

随着信息化时代的到来，高校廉洁文化教育借助于网络、电视、报刊、电子屏、微信、微博等新媒体公众平台的传播，已成为当代高校廉洁文化教育创新的重要方式。尤其是网络已经成为大学生日常生活中不可或缺的内容，甚至成为他们的一种生活方式。大学生经常通过网络了解信息、讨论问题、评论时政等，这些是大学生参与公共生活的重要途径。因此，大学生廉洁意识教育应紧跟时代发展，积极开展网络宣传，加大廉洁意识传播力度，占领网络信息阵地。

第一，要合理利用现代信息技术的优势，抓住网络这个大学生广泛接触的平台，促进廉洁意识进入大学生头脑，为大学生廉洁意识教育提供科技支撑。

第二，要以契合网络的形式开展廉洁意识教育活动，例如，在校园网上开辟"反腐倡廉"专栏，制作廉洁故事视频，开展廉洁动画制作比赛等，有意识地将大学生对信息技术的热情引导到廉洁品质的培养上。

第三，要充分利用党和政府的反腐倡廉网站，大力弘扬社会主义核心价值观，创造性地开展网上廉洁教育。

第四，还要加强校园网的舆论观察，通过网络交流平台，及时掌握大学生的思想动态，总结出典型问题并有针对性地进行精准反馈，引导网上舆论唱响主旋律，同时，要加强校园网络规范管理，防止滥用社交网络和即时通信工具传播腐朽文化，规范校园网上信息传播秩序。

第五，高校要建立大学生廉洁意识教育网站，按照"栏目设置有高度、教育内容有精度、互动参与有广度"的要求，发布纪检、案例聚焦、古今镜鉴、风险防范、工作研究、廉洁典型、视频点播等信息，充分利用局域网开展廉洁意识教育，运用远程教育，在线推出大学生廉洁讲座和党纪国法答题竞赛、上传反腐倡廉论文、介绍先进的廉洁文化作品等，以动态、立体、适时的现代传媒渠道赋予廉洁意识教育更广的覆盖面。

第六，随着新媒体的迅猛发展，高校应充分利用新媒体公众平台开展廉洁意识教育的宣传工作。例如，学校可以开设以大学生廉洁意识教育为主题的微信、微博公众号，定期推送有关古代廉洁修身的廉政人物故事、国内外反腐败典型案例等，实时推送我国最新反腐败工作进展情况；借助公众平台的评论功能，引导大学生积极参与相关话题的讨论。总体来说，较之传统媒体而言，微信、微博等新媒体公众平台的传播速度更快、受众面积更广，对于提升高校廉洁意识教育的宣传效果发挥着更为突出的作用。

► **延伸阅读**

西北工业大学纪委办公室微信公众号和网站

"风清工大"微信公众号

西北工业大学纪委办公室网站

西北工业大学
党风廉政教育测试平台

网上答题　查询统计　系统管理

首页　个人信息　密码修改　退出

网上答题

首页提醒

▶ 学习资料

提示：当前有新的答题活动

西北工业大学廉政答题平台

五、警示式教育

警示式教育具有强烈的预警性质，是一种对腐败高度敏感的教育方式，充分运用警示教育能够起到震撼心灵、引人深思的效果。警示教育的出发点和落脚点在全心全意为人民服务，具体在高校中就是为同学服务。目前，我国反腐倡廉教育最大的挑战之一就是腐败问题民俗化、腐败意识泛化，容忍腐败、羡慕腐败的心理严重。加之，在全面深化社会改革过程中，社会上的思想文化意识已向高校渗透，"官本位""特权意识""公共权力寻租"等腐朽思想对大学生的思想意识养成造成了巨大冲击。在此背景下，大学生对官场文化的效仿不断地在高校管理过程中表现出来，学生组织中的管理体系和制度建设已经初现官场文化的烙印。例如，在高校的学生会、各类协会和社团等组织的职位架构中，甚至会出现"领导"多于"干事"的情况，学生干部的工作作风也有官僚化倾向，搞裙带关系、团团伙伙。而且，学校政策、管理制度和教师对学生干部的特殊照顾和利益倾斜在一定程度上也助长了部分学生干部的优越感和特权意识，这种腐败思想反映到行动上会极大地伤害普通学生的感情。为此，大学生廉洁意识教育更应该强调学生干部的服务理念而非领导意识，要避免拟官场现象的发生。

警示教育大学生，要常怀羞耻心和敬畏心，筑牢拒腐养廉的思想基础。远离腐败，洁身自好，以警示教育为先导，让大学生自重、自警、自律，廉洁行事，低调做人，以廉洁之风影响身边人。高校在对大学生进行警示教育时，首先要抓住学生干部这一关键少数，加强对学生干部的廉洁自律教育，使其能够做到慎独、慎初、慎微、慎欲，防腐于未然。同时，在警示教育实践中，在条件允许的情况下可以建立警示教育基地，按照"一听、二看、三谈"的方法开展警示教育。"一听"即旁听典型腐败案庭审，让大学生干部切身感受案中党和国家的干部是如何腐化堕落的，听取贪腐分子的"现身说法"；"二看"即观看警示教育图片展、典型案例电教片，整理中央反腐败的重大决策和近年来全国发生的重大典型案例，加大案件剖析力度，起到"剖析一案，教育一片"的作用；"三谈"即邀请反贪人员与大学生交流，围绕腐败案例谈心得、谈体会、谈认识，通过对一些领导干部因腐败而"从座上宾沦为阶下囚"的剖析，对大学生起到警示和启迪的作用。同时，以直观、形象、具体的方式警醒学生干部从正面典型案件中受鼓舞，从反面典型案件中吸取教训，进一步筑牢学生干部拒腐防变的思想道德防线。

▶ 延伸阅读

西北工业大学"廉洁文化宣传教育月"活动

西北工业大学纪委在推进党风廉政廉洁宣传教育过程中，始终坚持"三覆盖""四注重"，连续六年开展"廉洁文化宣传教育月"活动。

"三覆盖"精准施策。根据党员干部、教师、学生不同群体不同特点，分类实施、精准施策，确保三类群体教育全覆盖。持续在党员干部中开展廉政廉洁教育，深入开展理想信念和宗旨教育，强化纪律规矩意识，教育党员干部牢记初心使命，持续加强作风建设；在教师中开展廉洁从教、廉洁从研教育，引导广大教师为人师表做表率，引导科研人员潜心钻研求真知，做课程育人、科研育人主力军，做党和人民满意的"四有"好老师；在学生中开展廉洁诚信教育，连续五年开展"廉洁诚信，从我做起"活动，增强学生廉洁诚信、廉洁从业意识，带动形成良好学风考风，扣好人生第一粒扣子。

注重发挥"大宣教"优势。学校纪委在2005年就出台了《党风廉政宣传教育联席会议制度》，并于2016年进行修订，明确联席会议成员单位廉政宣传教育责任，建立信息沟通、工作协调、分工负责、形成合力等机制。制度实施以来，各联席会议成员单位切实发挥"大宣教"工作格局优势，整合资源、主动作为，营造了良好的校园廉洁文化氛围。

注重突出重点紧扣主题。"廉洁文化宣传教育月"始终坚持目标导向，紧跟上级要求，开展集中教育。2020年"廉洁文化宣传教育月"主题为"学规 懂规 践规"，紧扣落实党的十九届四中全会和十九届中央纪委四次全会精神，力求促进各级党组织和领导干部强化制度意识，带头维护制度权威，作制度执行的表率，引导党员干部修身律己、廉洁齐家，培养现代文明人格，带动全校师生自觉尊崇制度、严格执行制度、坚决维护制度。

注重丰富载体力求实效。2020年"廉洁文化宣传教育月"进一步丰富活动载体，开展"八个一"活动，即开展一次党内法规学习、开展一次专题学习讨论、讲授一堂廉政廉洁党课、举办一轮法规政策联合宣讲活动、开展一项制度执行情况自查、开展一项特色学生廉洁教育活动、开展一次家庭成员共读共看活动、交上一份党风廉政知识答卷，同时注重夯实基层党组织管党治党主体责任，确保活动取得实效。

注重打造精品带动引领。在全面覆盖、丰富载体的基础上，用心打造特色品牌项目。在新冠疫情防控形势下，创新宣传教育方式，纪委办公室联合其他8部门就党纪党规、师德师风、科研政策、研究生教育、因公出国（境）、招标采购、经费管理、固定资产管理开展了8场政策法规线上联合宣讲，参与教职工达2 100余人次，受到广泛好评。

第四节　西北工业大学廉洁故事

西工大历史悠久，文化深厚，为我国国防事业做出了重要贡献。西工大里发生过太多的廉洁故事，关于青春，关于理想，关于奉献……

一、从红军战士到西工大党委书记：刘海滨

在烽火连天的战争年代，他英勇顽强、九死一生，历经五次反"围剿"战斗、二万五千里长征……

在热火朝天的建设年代，他放下战功荣耀，投身党和国家的教育事业，坚守为党育人、为国育才使命……

他对党无限忠诚，对革命不怕牺牲，对工作忘我奉献，用一生践行共产党人的

初心与使命……

他，就是西北工业大学第一任党委书记刘海滨。

刘海滨，1908年出生于江西省吉安县。在1927年大革命失败的危急时刻，19岁的刘海滨毅然参加了地下党领导的农民运动，两年后加入中国工农红军并入党。

1930年至1934年，刘海滨在江西中央苏区参加了五次反"围剿"战斗，因作战英勇，很快便从一名普通战士成长为团政委，长征开始时，他已经是红一军团的师级干部。1934年10月，他随中央红军参加长征，1935年到达陕北。1936年，他在甘肃曲子城战斗中负伤截肢，之后调到地方工作。此后，先后任陕甘宁边区保安处副处长、延安卫戍区副司令员、西北野战军后勤兵站部部长、西北军区后勤部政委等职务。

新中国成立后，刘海滨任西北军政委员会财委副主任并兼任第二机械工业部西北办事处主任，负责筹建苏联援建的西北地区14项国防工业重点工程。1955年后，周恩来总理要抽调一批公安干部到大学担任党委书记，1956年2月刘海滨被调任到西北工学院，任院长兼党委书记。

刘海滨一生战功赫赫，他却很少谈及自己的功绩，他说："我是幸运的。我们那个村子里先后参加红军的十几个人，现在活着的包括我，只剩下两个人了，那一个还是很早离开部队回家当了农民。"

刘海滨战斗负伤失去右腿时年仅28岁，又因战时条件限制，在极其艰苦的条件下经历了三次截肢，此后，腿部创面经常肿胀发炎，行动极为不便，但当他晚年回忆起那段经历时，让他津津乐道的却是："那一仗我们胜利了！'野骡子'（敌师长绰号）被俘，他和我住在同一家医院，还特地来看我，表示对红军的佩服。"

言谈轻描淡写，内涵重如千钧！

这就是老一辈革命家和老一代共产党人坚定的理想信念和坚强的革命意志！

这就是支撑着我们党一次次绝境重生，愈挫愈勇，取得最后胜利、创造奇迹的力量！

1957年10月，国务院决定将西北工学院与西安航空学院合并成立西北工业大学，刘海滨担任西北工业大学首任党委书记等职务，直至1983年。1983年5月，刘海滨任陕西省第五届人大常委会副主任、党组成员。他还是中共八大代表、第五届全国政协委员。

他从不计较个人待遇，不向组织提出个人的特殊要求，从不愿意有一点点特殊化，不利用职权为亲属子女谋取任何利益。

从1957年9月底，他入住西工大北村3号楼的一个单元房里，直到1994年12月去世，全家人（他和夫人及三个子女）在这套建筑面积90平方米的房子里住了近40年。晚年他被中共陕西省委尊为"五老"之一，每次举办省上重要的大会，他都被邀请到主席台前就座；省委请他搬到西安雁塔路8号院的省领导大院住，他婉言谢绝。后来，省委通知学校单独给他盖一幢房子，他坚决不准。他说："学校现在缺钱也缺地皮，大家住房都很困难，我一个人住那儿像什么样子。这件事到此为止，以后不要再提！"此后多年，因家里没有条件，他都由儿子陪同在学校公共大澡堂里洗澡。

据老同志回忆，一次，刘海滨的大儿媳李恒陪同几位部队离休老同志看他，他在学校宾馆招待客人吃饭后，第二天架着双拐亲自到宾馆，说服后勤领导，坚持按标准付了款。

还有一次，他去医院看病，当时看病的人很多，他架着双拐排在队伍后面，值班医生几次招呼他上前先看，他坚持让前面的师生们先看病，排在前面的师生则让他先看。相持中，见医生为难，他干脆架着双拐离开了。

1990年高校党员重新登记，刘海滨已83岁且患有眼疾，仍坚持参加党支部组织的学习，异常艰难地亲笔写了六千多字的个人总结，他在总结中回顾了他63年的革命经历，并动情地讲了3个小时，使与会的党员干部深受教育。

"如何加强党的建设？"刘海滨一生都在关注这个问题。早在1960年2月中国共产党西北工业大学第二次代表大会上，刘海滨便明确指出："加强党的领导，是一切工作取得胜利的根本保证，必须把党的领导深入各项实际工作，特别是教学、科研、建设等工作中去，把红旗插遍全校各个角落，保证党的路线、方针、政策，在各方面工作中都得到切实贯彻。"

关于"培养什么人、怎样培养人、为谁培养人"的问题，他也给出了明确回答。

"我校8年建设的总方针和总任务应该是，多快好省地为国家培养具有坚定的无产阶级立场、高度的马克思列宁主义觉悟程度、敢想敢说敢干的共产主义风格和无限忠于社会主义事业、又红又专的国防工业建设人才。"

1994年12月9日，刘海滨在西工大逝世，走完了他艰苦奋斗、廉洁自律的一生。

2008年，正值校庆，学校在诚字楼前竖立起刘海滨铜像，此后每逢清明节，都有师生校友在铜像前自发悼念，讲述红色故事，传承红色基因，让红色脉络扎根延展，信仰之火生生不息……

——西北工业大学校史研究中心　整理：黄迪民 付怡 员智凯

二、一位被职工誉为贴心人的工会干部：刘叔丞

刘叔丞同志是西工大水暖科仓库保管员、分工会主席。自1959年参加工作以来，在党的教育下，把"人活着就要多为别人着想"作为自己的人生信条，忘我地工作，热情地为职工排忧解难，被人们誉为本职工作的带头人、工会工作的热心人、职工群众的贴心人，被评选为陕西省教育工会优秀工会干部。校工会常委会授予刘叔丞"模范工会干部"称号，并在全校工会干部中开展向刘叔丞学习的活动。

恪尽职守　廉洁奉公

刘叔丞同志承担全校水、电、暖气的材料供应和库房管理工作，每年经他手收发的材料有上百个品种，价值上百万元，工作烦琐复杂，但他却管理得井井有条，完成任务很出色。当一些特殊急需材料仓库没有时，无论酷暑严冬、刮风下雨，他都亲自设法采购；常忍着饥饿，骑上自行车，连夜奔波，以保证工程尽快完成。进材料时，他严把质量关和价格关，从不让假冒劣质产品进库；他要求采购人员货比三家，尽量为学校节省开支。1990年，学校从福建某厂购进截止阀，验收发现均系次品，他全部退回，为学校避免了万余元的损失。1992年，从雁塔批发部购闸门，对方多收405元，他多次交涉，全部追回。回收的废旧材料他也严格检查，能用的一定利用，能修的一定修复，尽量让其再发挥"余热"，仅此一项平均每年就为学校节省开支七八万元。

当社会上流通领域不正之风盛行时，送红包、吃回扣司空见惯。有些人多次对刘叔丞说："你太正统了，太跟不上形势了。你干的这差事，只要稍微'活'一点，早就发大财了。"刘叔丞上有老，下有小，夫妻长期两地分居，家庭经济情况并不好。常年和买卖人打交道，难免有人给他送财物，可我们这位红管家在金钱面前毫不动摇，他的办事原则是：你越是给红包，我越不要你的货。他多次严词拒收

别人送给他的烟、酒、钱、物。帮助同志他慷慨解囊，维护学校利益他分文必争，常在河边走，就是不湿鞋，表现出了工人阶级的高尚品德。

刘叔丞的家属在郑州，每年探亲时，他总是主动要求承担为学校采购、联系业务等任务，还常常为了工作提前返校。在他的工作时间表上从来没有八小时之说，节假日也很少休息，换休假两年就积累了两个多月。"自己苦点、累点，能给全校带来光明，带来温暖，也是一大乐事！"他是这样说的，也是这样做的。

乐于助人　无私奉献

刘叔丞担任科工会分会副主席、主席多年，他心系职工，热心为大家服务，深受职工的拥戴。

他用自己的工资买了理发工具、修自行车工具及自行车小配件，十多年来，坚持利用业余时间为同志们义务修车、理发。服务对象除本科室职工外，还有兄弟单位的一些职工，以及素不相识的学生。1992年4月，学校后勤部门工会组织250多人骑自行车去翠华山春游，他自告奋勇承担这一庞大自行车队的修车任务。他年过半百，来回奔跑，累得满头大汗。他的乐趣不在山水之间，而在让大家玩得开心。有两位陌生的青年自行车坏了，只能推着走，他主动将其自行车修好。两位青年非常感动，执意要付钱，他婉言谢绝。两位青年问他叫什么名字，在哪个单位工作，他只说："我们是同路人。"帮人修车、给人理发，他不仅牺牲了许多休息时间，还贴了不少钱。有些青年朋友问他为什么要这样做，为什么不利用这些手艺搞第二职业，他总是淡淡一笑说："我只图能给大家带来方便，这样我心里舒畅。"

电工吴畏1976年因工致残，瘫痪在家，行动不便，生活不能自理。十几年来，刘叔丞经常利用业余时间给吴畏洗澡、理发、买生活用品、办理药费报销，帮助他解决生活上的困难。吴畏希望买一辆残疾人专用轮椅。刘叔丞就代他写了申请报告，先后多次找校医院、技安科、人事处等单位联系，经过半年多的努力，终于解决了这一问题。当吴畏坐上盼望已久的轮椅时，流着眼泪说："刘师，你太好了！为了这部轮椅你跑了多少腿，说了多少好话，操了多少心啊！你是我的贴心人，是真正为人民服务的人！"37岁的吴畏迫切希望医治好病重返工作岗位。当他得知天津某医院能治他的病时，很想去天津治病；而到天津治疗需一万多元的费用，学校医疗经费严重不足，这上万元的钱从何而来？刘叔丞一方面安慰他，一方面积极想办法，代他写报告争取有关部门支持；他多方游说，力图为吴畏争取一些资金。经过半年多的奔波，终于筹集到这笔费用。吴畏手术后返校病情大有好转，感动地拉着刘叔丞的手说："恩人呀，我该怎么报答你！"刘叔丞说："你应该感谢各级组织，报效国家！我只做了自己应该做的事。"

"走到哪里，就在哪里做好事"是刘叔丞的一大特点。他在自己患病住院期间，积极协助医生做病友的思想工作，组织病友开展文体娱乐活动，主动打扫病房内外卫生，义务为病友及医护人员理发，受到了医院领导和主治医师的称赞，医院的板报用整个篇幅宣传了他的事迹，号召全体医护人员向刘叔丞同志学习。

建职工小家 促团结共进

发展社会主义市场经济，促进了经济建设，推进了教育的改革和发展，职工的生活也有了明显的改善。由于运行机制还不完善，也产生了一些负效应。个人的先进行为难以抵御负效应的影响。为了解决这个问题，刘叔丞从工会主席的角度，确立了加强职工小家建设，吸引人人都来做好事，增强集体凝聚力的工作思路。

高校工会建职工小家是一件新的工作，职工和工会积极分子不理解，也不甚了解。刘叔丞利用板报和学习的机会宣传上级工会关于开展建家活动的意义和要求，在科领导的大力支持下，先后两次组织工会积极分子到西安车辆厂学习建小家的经验，到5所兄弟院校的对应部门学习考察。在深入发动、统一认识的基础上，他拟定了建设职工小家工作计划和小家成员的权利和义务细则，因陋就简创办了活动室，组织开展了13个服务项目，依据小家成员的个人特点分了工，形成责任到人、专项管理、分工协作、共同办家的局面。工会小家协同党政开展了优质服务竞赛，开展了"改进工作提建议"活动，组织了学习《为人民服务》心得交流和有奖测试答卷竞赛，开展了"岗位学雷锋"活动，举办了兴庆公园一日游、图书馆前叙"家常"，以及丰富多彩的文体活动。开展建小家活动半年多来，小家成员共做好事近500件，开始形成"我为人人，人人为集体"的局面。刘叔丞正在为水暖科的长远建设辛勤地工作着，默默地奉献着。

——《西北工大》，1993年11月27日，第451期第4版。

三、把余热奉献给党：郭进萍

1985年7月，印刷厂郭进萍师傅退休了。这一年，她50岁，身体还可以。郭师傅想，眼下厂里的活儿满紧，自己是个党员，该把晚年的时间奉献给学校的印刷事业。这时，校劳动服务公司办的排字车间正缺一个有经验的老师傅。了解到她的想法后，公司聘用了她。

郭师傅接手后，单枪匹马要搞一个排字车间，所碰到的困难是可以想象的。整修车间，安装暖气、电灯，制作字架、字盘，培训工人，哪件事都得自己张罗，必要时得亲自动手、亲自求人。功夫不负有心人，这个车间在郭进萍的积极组织下，边生产边施工，发展成为一个能容纳近20名待业青年工作、年产1 500万字的"排字工厂"，不仅承担了学校的校刊、期刊、零件报表及部分教材的铅排任务，还承担了校外部分期刊及书刊排版任务。郭师傅在管理上很有她的一套——"找米下锅"。当校内活儿不饱满时，为了给学校多创收益，减轻厂里负担，她主动通过各种渠道，联系业务。她不会骑自行车，外出接活，要挤公共汽车，要步行走路，有时不能按时吃饭，这些困难对年轻力壮的人来说不算啥，但对一个年老体弱，曾动过三次手术的女同志，是多么不容易啊！

难活、别人不愿干的活，她都接下来。郭师傅心想，这样一是解别人之难，二是锻炼了自己的队伍，提高了工人的技术水平，如西北大学《秦汉史论》、医药局《国外上市新药汇编》、陕西师范大学《诗经二雅选评》《延安沙棘》等书籍，排版难度大，但她都接了下来。学校的报纸是比较难排的，费时不出活，有时改动大，也曾出现过不愉快的事，但为了能使大家及时看到报纸，即使加班也得赶出来。这个车间用工形式以聘用学校待业青年为主，厂里固定工根据车间需要和职工个人愿望，也可以到该车间工作。但无论是临时工或固定工，她都以提高职工素质和劳动积极性为原则，公平对待每一个人。

从1986年以来，先后有24人在这个车间工作过，但到目前为止，已有9人被调整。在收入分配上，郭师傅按厂里制度严格实行同工同酬、按劳分配、多劳多得的原则。处于钱、财、物第一线的单位，干部和党员的廉洁问题十分重要。在当前汹涌澎湃的改革热浪中，大多数共产党员经受住了考验，涌现了一大批先进人物。郭进萍同志就是其中之一。按厂里规定，每月她应从厂里领取20元的补差工资和10元的组长操心费。但从1988年下半年起，她就索性不要20元补差了。1989年1月起，10元的组长操心费她也不要了，她说自己挣的钱够花了。按照规定，节假日或因公占了生产时间或厂里无活时都要给工人补贴，但从该车间成立直到1988年承包，她从未向厂里领过一分补贴。厂里有规定，无任务时外出接活按5%提成，但她接了不少活，却从未提过成。她自己每月分成都是和大家一起造册公布于众。她是一个上了年纪的人，但并没因年龄大而放松对自己的要求，相反，她处处以身作则，严格要求自己。她每天总是提早上班，把车间门打开，晚上等别人下班后关好门窗，熄了灯，锁好门最后离开。

年年如此，天天如此。她爱厂如家，谁要是拿走厂里一个铅字、一片纸、一滴油，只要她发现，决不会轻易放过。为此，她也曾得罪了一些人，但事后，大家都打心眼里敬佩她。

——《西北工大》，1989年8月25日，第369期第2版。

四、无私奉献的老黄牛：商宝禄

金秋十月，凝固技术国家重点实验室通过了国家验收，专家们一致认为实验室总体条件达到当前国际先进水平。铸造学科能发展到今天，与全体同志的共同奋斗分不开，但大家都不会忘记，作为实验负责人的商宝禄教授付出的心血和汗水。

1957年，商宝禄教授从北京钢铁学院毕业后，来到了条件艰苦的大西北。从那时到1966年5月16日，他一直担任铸造教研室教学秘书，在教学管理方面做了大量的具体工作。教研室刚成立时条件很差，没有教材，没有教学计划，一切都要从头开始。商宝禄花了很大精力，搜集苏联和国内十几所大学铸造专业的教学计划，下厂进行教学调研，结合本专业特点，制订出可行的教学计划。没有合适的教材，他就和大家一起编写。实验室设备奇缺，他就和大家共同设计、共同安装。1979年以后，他担任教研室主任长达9年时间，除了繁重的管理工作外，他先后为本科生、研究生主讲多门专业课程，先后培养硕士研究生16人，协助指导博士研究生4人。1982年开始，他结合教研室学科建设和梯队建设，撰写教学管理、研究生培养方面的论文8篇，先后刊登在《高等教育研究》等刊物上。教研室成立以来的每一次学科建设、学科评估、教研室发展论证报告等，都由他执笔撰写。作为教研室主任，他心中有一个明确的目标，那就是把铸造学科办成国内领先、国际上有发言权的一流学科，因此他十分重视教学质量和教学基地建设。

经过不懈的努力，西工大铸造学科不断发展壮大，人才培养成绩斐然，1986年在全国学科评估和博士点评估中均获第一名。在"八五"期间，该学科培养出硕士、博士和博士后共63名，其中许多人已经成为成绩突出的中青年学科带头人。

1988年以后，他又担负起凝固技术国家重点实验室负责人的重担。从1988年开始写论证报告，到1995年国家验收，历经8载。从争取世界银行贷款（简称"世行贷款"）重点发展项目立项开始，诸如论证报告的书写、专家的答辩、实验楼的设计方案、世行贷款采购设备的调研招标和仪器设备的调试验收，直到实验室规章制度的建立与管理等，无不浸透着他的心血。为了赶写凝固技术实验室列项的论证报告，他曾经熬过多少个不眠之夜。为了使上级领导和专家们了解凝固技术的重要意义和已经取得的研究成果，曾几次奔赴北京拿着实物和照片，逐个进行宣传解释，争取他们的支持。

在实验室的建设过程中，需要许多教师和技术人员参与，如仪器设备的调研、招标评标、基建工艺数据的提出和实施等。由于某些制度的不够完善和近几年社会上商潮的影响，从事实验室工作既无名又无利，还担负较大的责任，不如搞科研有论文发表，搞教学有教学经历和工作量，因而影响了许多人的积极性。商宝禄同志作为负责人首先表示理解大家的心情，与同志们互相谈心加强理解；同时讲清大局，要求大家在实验室工作中要讲奉献精神。到年终没有奖金可发，只好给大家送去暖心的谢意。有几次争取到少量的奖金，他能坚持原则，发给工作最好、工作量最大的同志，而自己分文不要。在处理实验室分配和购置仪器等事情时，各课题研究小组存在不同的意见和矛盾，他都能坚持原则实事求是地解决，使全实验室保持团结和谐的气氛。他决不为自己领导的研究组多要一台仪器或一间实验室。只有无私，才能无畏，才能坚持原则。由于他在国家实验室建设方面做出了突出贡献，在1995年北京召开的国家实验室建设十周年总结表彰大会上，他荣获金牛奖，是航空系统唯一获奖者。多年来，除教学、行政管理工作之外，商宝禄教授在科研工作中也取得了丰硕的成果。他长期从事有色合金冶金质量控制及金属基复合材料方面的教学和研究工作，具有严谨求实的作风和开拓创新的精神。他研究的课题，大多是航空工业生产中亟须解决的技术难题，对这些"硬骨头"，一些厂、所都望而却步，而他却迎难而上，积极攻关。经过8年攻关研制成功的新型镁合金无毒型砂改善了工人劳动条件，并且具有明显的经济效益，获全国科学大会奖、陕西省科学大会奖、国家发明三等奖。近几年，他负责完成了多项课题的研究，先后获省部级科技成果奖5项、国家发明奖1项，国家专利1项；在国内外刊物上发表论文90多篇。由于他的突出贡献，1977年被评为陕西省高校先进科技工作者，1978年获陕西省在科学实验中取得优异成绩奖，1987年获航空部有突出贡献的科技专家称号，首批享受政府特殊津贴。他还是全国铸造学会理事、陕西省机械工程学会常务理事、陕西省铸造学会理事长。谈到自己的工作成绩，商宝禄教授总是很谦虚。他常说："我们老一辈创业的教师，决心把铸造学科和凝固实验室建设好，作为传给青年一代的礼物，使我们的事业更加发扬光大。"这就是他———一位献身祖国教育事业的老教授最大的心愿。

——《西北工大》，1995年11月27日，第490期第4版。

五、蓝天之魂：记成都飞机工业公司的西工大人

成都飞机工业公司（简称"成飞"）是航空航天工业部自行设计、研制、生产歼击机的一个基地，由原成都飞机公司和611所组建而成。如今，她以崭新的面貌、宏伟的雄姿伫立在成都平原上。建厂30多年来，成都飞机公司为加速我国现代化建设做出了重要贡献。20世纪90年代成飞面临机遇，也面临着严峻的挑战。成飞中西工大校友有20多人，611所有300多人，在公司各院校毕业生中人数最多。他们在不同的工作岗位上勤勤恳恳、努力工作，以西工大人特有的精神品质为成飞的发展和我国的航空事业做出了巨大的贡献，这是一个坚实而光荣的群体，一个所有西工大人都值得自豪和骄傲的群体。8月中旬，我们来到成飞生产实习，实习工作之余，我们采访了这些西工大人。

"红色的航空工程师"

在成飞，西工大61届52专业是一个响当当的存在，因为，成飞高层领导中的校友几乎都是这一届。当我们打听到主管质检的副总经理马菊鹤、主管生产的副总经

理薛炽寿、主管人事的副总经理何秉乾、主管冷工艺系统的副总工程师孙育枫曾是521同班的同学时，就怀着极大的兴趣找到了他们。当我们问起他们最难忘的事情时，他们几乎都谈起了刚走上工作岗位时的情景：

"1960年，苏联单方面撕毁协议，撤走了专家，国防工办决定抽调一批老师和应届毕业生去国防工厂，于是我们提前一年毕业，怀着'到祖国最需要的地方去、把青春献给祖国的航空事业'的热情和信念，来到了哈尔滨122厂。当时挤在一个大房间里，没有暖气设备，从住地走到厂地，口罩全都结了冰。就在这样艰苦的环境下，我们这些南方来的大学生没有怨言，刚下厂就参加了直升机旋风25的试制工作。1961年，132厂上马，重新分配，我们又来到了成都，当时成飞刚建厂，报到时房子门窗还未完工，男女生各一间屋子，挤着睡。大家从清水河挖沙建厂，当时的黄田坝只有一条二级公路通往市区，没有公共汽车，要步行进城。由于当时正值自然灾害时期，每人每个月23斤粮食，最少时只有19斤，对刚出校门不久的大学生来说，的确面临着严峻的考验，但出于献身国防事业的自豪感和责任感，为了新机研制，我们白天黑夜在现场干，常常熬通宵，累了饿了，吃一碗胡萝卜稀饭，接着继续干……"

这就是老一代西工大人步入社会最初的足迹。就是他们，52.5元的月工资拿了17年；就是他们，服从国家分配、忘我工作、勇于献身、顾全大局、不讲条件、不计报酬——正是凭着这样的精神，他们为了新中国航空事业的腾飞默默地燃烧着自己的青春、无私地奉献着最真挚的爱。同许多知识分子一样，"文革"中他们大多数下基层接受改造，经受了各种风雨的考验，但他们最初的信念依然执着不悔，马菊鹤副总经理感慨地说："国家培养一个大学生不容易，应该为国家和人民做出贡献，有所作为，才能对得起国家和人民，有了这个信念，不管经历什么样的挫折，都不会动摇！"作为创业者，他们朴实无华，谦逊沉稳，当被问起最激动的事情是什么时，薛副总经理只是答道："看着自己图纸上画的飞机上了天！"是啊，就这么一句普普通通的话语中，却包含着多少酸甜苦辣，多少欣喜快慰啊！

据了解，20世纪60年代初的校友中，目前有30多人在处级以上的领导岗位上工作。其中有负责M·D项目的副总工程师华竟雄、负责汽车制造的副总工程师钱新惠、总质量师吴明初，以及成飞工程发展中心的两位副所长邱普达、宋开基和工学院的院长刘启弟等。

当年，他们走进西工大校园的时候，看到最醒目的标语就是"欢迎未来红色的航空工程师！"三十多年后，他们用不懈的努力与丰硕的成就证实了这一点："我们无愧于红色的航空工程师！"

"我是西工大人！"

在人事处，张建华处长告诉我们，厂里曾对81届到84届各高校毕业生进行了一次评估，结果西工大毕业生总分第一。沿着老一代西工大人光辉奋斗的足迹，年轻一代的西工大人正脚踏实地、雄心勃勃地走来，他们中的许多人已经在工作中独当一面，崭露头角。

唐川平，82届43专业毕业，锻铸塑胶厂厂长；张放鸣，82届工程力学师资班毕业，成飞工学院教学副院长；刘松柏，82届毕业，成飞工学院党委书记；康建，82届41专业毕业，23车间技术副主任；赵振华，82届毕业，计划处副处长，厂里破格提拔的最年轻的高级工程师……

1983年，机构调整，所任命的最年轻的厂级干部张放鸣、康建走马上任了，这对刚来不久的大学生来说是一种机遇，但更多的是他们的努力。1982年工学院刚成立，才来了3个月的张放鸣就登上了讲台，担任班主任，继而负责团的工作，工作认真、成绩显著。当我们来到23车间采访康建时，车间工人介绍说他年轻有为，并伸出三个指头——"三化"：革命化、年轻化、知识化。这也难怪，他大学时就是4181班班长，并加入了中国共产党，目前他正负责一个技术设备、厂房建筑都达一流水平的金属热处理车间，据他介绍，这是全厂重点技术改进项目，刚刚完成。与张放鸣一样，唐川平也是从工艺员开始，靠实干精神和苦干精神，从最枯燥的画图开始，在工作中取得了成绩，成为公司最年轻的分厂厂长之一。

的确，这些年轻的校友继承和发扬了西工大人艰苦奋斗、吃苦肯干、作风朴实的传统，同时又发挥了他们知识全面、思想活跃、勇于革新的优势，在工厂赢得了广泛的好评。

作为年轻校友中的佼佼者，他们首先想到的是母校的老师。张放鸣副院长道出了肺腑之言："作为毕业生，一方面，自己努力工作，争取在实践中做出成绩，为母校争得荣誉；另一方面，也希望母校的声誉不断提高，母校的光荣也是每一个校友的光荣，在成飞，我们就可以自豪地说：'我是西工大毕业的，我是西工大人！'"

成飞最早的西工大人

1958年11月，作为西工大52专业第一届毕业生的俞德槐来到了成飞，那时成飞刚建厂，他立即投入了生产准备室的繁忙工作之中，随即进入设计室，然而正当他踌躇满志的时候，无情的政治厄运降临在他的头上。1957年"反右"时，他被开除团籍，只得被迫离开自己心爱的专业。1963年，他以优异成绩考取了季文美教授的研究生。然而，作为非线性振动专业的唯一一名研究生，他的录取工作由于政审不合格被搁浅了。作为一个知识分子，他经历了最坎坷、最痛苦的一段人生历程。然而当我在工学院的五楼找到这位老人的时候，写在他脸上的坚强与乐观使我深深地震惊了，现在虽然他已年近六旬，但仍然在教育岗位上辛勤工作着，除教课外，他还毛遂自荐当上了工业外贸专业班的班主任。1989年9月10日，第五个教师节的时候，他荣获了"全国优秀教师"的光荣称号。

作为成飞最早的西工大人，他深深怀念着母校。临走时，我们四只手紧紧握在了一起，我分明看见他眼里闪动着泪花……

西工大精神

在整个采访的过程中，我们接触了不同工作岗位上的校友，无论是20世纪60年代的老校友，还是80年代的年轻校友。不管是身负重任、肩挑大梁，还是立于基层、岗位平凡，都有一个共同点，那就是他们艰苦奋斗，用辛勤汗水和不懈的努力所谱写的西工大精神。

吃苦耐劳、作风淳朴、踏实肯干、责任心强——这就是西工大精神。正是靠着这股精神，他们赢得了工人和工厂的信任与赞许，也取得了突出的成绩。

在采访中，校友们对校园的同学们寄予了极大的希望，提供了许多宝贵的经验和有益的建议，校友们说要坚定政治信念，树立民族利益、国家利益高于一切的思想；拓宽自己的知识面，基础知识要扎实，正确认识现实和理想的差异，脚踏实地，从平凡的事情做起。

一个月实习结束了，我捎回成飞的西工大人对母校的深情厚谊，我也带回了由衷的自豪和骄傲，并急于把它分享给每一个西工大人。

——《西北工大》，1990年9月25日，第390期第4版。

六、团结在"三好"的旗帜下：记学校模范班级9511班

9511班，一个全校闻名的班级。入校以来，伴随着这个班的是接踵而来的各种荣誉称号：大一第一学期荣获"优良学风班"称号；第二学期被授予"先进团支部""社会实践先进集体"称号；1992年10月，在全校统考中，他们又取得了高等数学、普通物理两门课程双第一的优异成绩；1991—1992学年又被光荣地授予了"模范班级"的荣誉称号。一分耕耘，一分收获。在这荣誉的背后，是一支强劲、和谐的奋斗之歌。

23颗心的共同目标——"模范班级"

1991年10月，全校性"三好"表彰大会如石击水，在入校不到两个月的9511班23名同学的心中激起了阵阵涟漪。

来自祖国各地的23名学生，不甘平平地度过四年大学生活，要争"三好"，创"模范班级"，充分展示当代大学生的风采。

班委和支委们抓住这个时机，及时拿出了《9511 班创建优良学风班计划》，征求全班同学的意见。三次庄重的班会后，23只手庄严地举了起来，23颗心的跳动汇成了一支和谐奋进的乐章，一个奔"三好"、创建优良学风班的热潮在9511班悄然展开了。

学习好是学生的天职

学习好是学生的天职。全班23名同学，众志成城，团结在"三好"的旗帜下，努力学习，奋发进取。

一个星期六的中午，班主任腾玉琨老师来到他们宿舍。惊奇地发现宿舍里只有两个学生，一问才知道，同学们都在制图教室废寝忘食地画图。

1992年元旦之夜，一个半开玩笑的、不成文的规定在这个班传送着："谁先做完作业，谁先睡觉。"这个不成文的规定，激励着同学们在顽强拼搏之中度过了入校后的第一个元旦之夜。

用他们自己的话说："不知道今天是星期几，只知道今天上啥课，该完成哪些

作业。"

为了在全校统考中取得好成绩，9511班的23名同学个个成了拼命三郎。为了高数考出高分，郑洪良同学暗下决心，多练习题，厚厚的习题集慢慢地变薄了……"功夫不负有心人"，他终于如愿以偿。1992年全校高数统考，郑洪良以99分的成绩摘取了高数考试的桂冠，为9511班取得总评88.2分、全校第一的优异成绩立了头功。

一位任课教师看到9511班的高等数学成绩，联想起他们刻苦学习的情景，深有感触地说："他们'学疯了''考疯了'！"

互相关心、共同进步

一个好的班级，应该是一个团结、奋进、共同进步的集体。9511班的支委和班委十分明确这一点。这个班的23名同学，来自祖国各地，学习基础参差不齐，为了能使同学们共同进步，他们组织了"一帮一、一对红"活动，起到了很好的效果。

这个班有一名新疆来的女同学，虽然学习很用功，但学习成绩却是全班的倒数第一。一时间，笑容从她的脸上消失了。学习委员王静同学主动与她结成了学习"对子"，平时多与她谈心，开导她，在学习上帮助她。经过一个学期的不懈努力，这位同学的总评成绩跃升到全班的第11位，她的脸上终于又浮现出了发自内心的笑容。

正是在这种互帮互助的活动中，同学们增强了集体主义精神，形成了互帮互学、团结友爱、共同进步的优良的学习风气。

无论是个人，还是集体，没有组织纪律性，就不可能干好任何事情。刚入校紧张的军训生活给9511班的同学们留下了深刻的印象，特别是军队中那种铁的纪律，使他们受益匪浅。

每天清晨，在操场上都会出现9511班同学们出操的身影。在全系会操中，他们总是最先到场。为了充分利用大学这段好时光，他们不但一直保持着到课率最高的纪录，而且连早读也从无缺席、迟到现象。也正是这种军人的作风——铁的纪律，使他们在学习和生活中充分展示了集体的力量。

在金钱面前，仍要有高尚品德

在商品经济的大潮中，无论是个人和集体，都面临着人生观和价值观的选择。

9511班的同学们用事实作了圆满的回答。

1992年4月底，生活委员陈开建去食堂科给全班同学买菜票，食堂科同志将事先包好的饭菜票递给了陈开建。

回到宿舍发饭菜票时，陈开建突然发现里面多了十包，折合人民币319元。"应当马上退还！"陈开建毫不犹豫地将多出的饭菜票送回食堂科。食堂科的同志被深深地感动了，他们再三要求陈开建留姓名时，陈开建只说了声"9511的"，便悄然而去。

当12系何致林同学身患重病，转院治疗的消息在校园传开后，9511班的同学热情地伸出援助的手，从紧巴巴的生活费中，你10块，我5块，他3块，为何致林同学捐款。61元9毛钱虽不是一个多大的数字，可它充分体现了9511班23位同学高尚的精神境界，凸显了23颗无私的心。

这只是9511班团结奋进道路中的几件平凡小事，正是这一件件平凡小事，汇成了一支争"三好"、创"模范班级"的奋斗之歌。

——《西北工大》，1993年2月25日，第436期第3版。

第六章　大学生廉洁修身

新时代以来，党和国家在社会主义核心价值观培养和反腐倡廉打击力度上取得了显著的成效，社会风气整体好转，大学生信仰日趋坚定、价值观总体正确。与此同时，伴随改革开放的不断深入和社会主义市场经济的蓬勃发展，道德缺失和贪污腐败事件屡有发生，助长了社会的不良风气，对高校学生产生了许多消极的影响。在2013年的中共第十八届中央纪委第二次全体会议上，习近平总书记更是向全社会郑重发出建设廉洁政治的动员令。2022年10月16日，在党的二十大报告中习近平总书记亦强调要"加强新时代廉洁文化建设，教育引导广大党员、干部增强不想腐的自觉，清清白白做人、干干净净做事，使严厉惩治、规范权力、教育引导紧密结合、协调联动，不断取得更多制度性成果和更大治理效能。"因此，加强对高校学生的廉洁修身教育、提高大学生的道德修养水平已成为高校思想教育工作迫在眉睫的重要环节。这不仅是促进大学生自我完善发展和健康成长成才的思想需要，更是构建"以廉为荣、以贪为耻"的和谐校园风尚的现实需要。

第一节　当前高校在学生廉洁修身教育方面存在的不足

自中华人民共和国成立以来，国家一贯比较重视大学生廉洁教育。2005年我国在《建立健全教育、制度、监督并重的惩治和预防腐败体系实施纲要》中指出："教育行政部门、学校和共青团组织要把廉洁教育作为青少年道德教育的重要内容。"2007年，教育部《关于在大中小学全面开展廉洁教育的意见》把廉洁教育正式纳入青少年思想道德教育体系。这些文件的下发及各地反腐倡廉工作的开展，对于解决廉洁教育的相关问题起到了积极作用。

近年来，国内部分高校，如北京大学、清华大学、浙江大学、四川大学等，在思想观念上十分注重大学生廉洁教育，在日常工作中努力寻求新路子新方法，坚持把大学生廉洁教育视为培养高质量人才、建设校园惩防系统和形成预防腐败宣传教育格局的重要任务来抓。在2008年中山大学就率先成立了廉政与治理研究中心，多年来在许多领域同时开展大学生廉洁教育活动：挖掘案例，研究教材，组织国内外教师培训，推动廉洁教育课程的发展，还创建了四个廉洁教育品牌项目，即大学生廉洁社团、大学生廉洁领袖夏令营、廉洁大使评选、全国大学生廉洁教育活动月。然而，从全国范围来看，具备专门化廉政研究机构的高校还不多，开办廉洁教育课程或举办廉洁教育活动的高校占全国高校比例也较低，廉洁教育还没有形成科学完善的体系，对廉洁教育的各方面投入与国家廉政建设的要求之间还存在一定差距，尤其在网络和通信技术日新月异的当下，纷繁复杂的不良信息干扰着廉洁教育的正常有序开展，廉洁教育工作仍存在很多不足之处，主要有以下方面的表现：

一、高校对学生廉洁教育重视程度不够

在应试教育的影响下产生了一种片面追求学习成绩、认为"学生的主要任务就是学习"的错误教育观念。一段时间以来，在此落后观念的影响之下，部分大学生主观地认为上大学只要把学习搞好，学好科学文化知识就行了，而往往忽视了其他能力与素质的提高。在这样现实中对廉洁教育的重视不足就十分普遍，在廉洁教育要不要进校园问题上，很多人提出质疑："对大学生进行廉洁教育真的有必要吗？大学生的主要任务是学习，廉洁应该是政府官员的事，和大学生有什么关系？""腐败和权力相关，廉洁是干部的事，对学生进行廉洁教育不是大人生病、孩子就医，领导生病、群众就医吗？"事实上，近些年来，腐败现象正逐步年轻化，在大学生中学术造假事件、学术违规事件屡见不鲜，需要花大力气进行整治。

▶ 案例 17

"最牛化学所"曝出女博士造假事件

2007年，7月11日，中国科学院发布公告，称因为论文数据造假，一名博士的学位被撤销。中国科学院上海有机所女博士研究生黄凌琳的一篇造假论文，刊发于世界一流化学专业期刊《美国化学会志》，她因此获得博士学位，并被德国一个科研单位聘用。导师发现她的论文数据造假后，挺身揭发此事，中国科学院提请国务院学位办撤销了她的博士学位，德国方面也终止了她的聘用合同。

——《法制晚报》《青年参考》报道，2007年7月11日。

▶ 案例 18

一稿多投，学术违规

陈某某于2008年在某经济学刊物上发表了一篇论文，在将该论文标题和内容的个别文字作了更改后，又于2009年在另一经济学刊物上刊出。经查，这二者实际上是同一篇文章。

处理结果：在调查之后刊物编辑部做出处理决定，认为陈某某属一稿多投，并在明知前一刊物已经发表其文章的情况下不通知该刊，致使该刊重复刊登他的同一篇文章，其行为构成严重的学术违规。本着维护学术道德的精神，决定撤销陈某某的发表文章，停止陈某某投稿资格5年，并保留采取进一步措施的权利。

——中国社会科学院中国廉政研究中心：《反腐倡廉蓝皮书：中国反腐倡廉建设报告NO.8》，社会科学文献出版社，2018年版。

除此之外，很多大学生认为，开展大学生廉洁教育就是在浪费时间，毫无意义，大学生应把精力都放在学习文化课上，很自然地对廉洁教育采取了疏远、冷漠的态度。上述错误观点的产生显然是大学生对廉洁教育的认知存在偏见、视野过于狭窄导致的。廉洁教育与每一位公民都息息相关，是对每一位公民思想行为规范的基本要求，表现在日常生活的各个方面。

对大学生廉洁教育重视不足主要表现在：一是部分教育部门领导和高校教师思

想上不够重视，主观地认为大学生廉洁教育与高校的教学科研和学科建设没有紧密联系，对大学生自身素质提高意义不大，降低了对大学生廉洁教育的重视，这一观念导致高校将大量的人力、物力、财力都向专业学科建设倾斜，从而导致对廉洁教育的投入严重缺乏，无形中抑制了廉洁教育延伸发展的空间；二是高校普遍将大学生廉洁教育设定为大学思想政治理论课的学习任务，放松了其他廉洁教育活动的开展，在大学生中滋生出有偿替课、代写毕业论文、代写作业等现象；三是部分思想政治理论课教师对大学生廉洁教育没有足够重视且存在偏见，认为搞廉洁教育没有必要，对教育效果持怀疑态度。

▶ 案例 19

西安某大学通报学生毕设代做事件：暂停两人毕设答辩

西安某大学官网通报，2022年5月22日下午，该校计算机科学与技术学院接到了关于反映学生雷某某、卢某某涉嫌找人有偿代做毕业设计的相关问题。学院高度重视，第一时间成立工作组开展调查核实。经研究，学院决定暂停两名同学的毕业设计答辩工作。

——西安某大学官网

二、高校廉洁文化教育工作从属被动

人们思想上对廉洁文化教育工作的不重视必然会导致态度上的不认真，从而使廉洁教育常常处于从属被动地位。在国家反腐倡廉文件精神的指引下，很多高校都开展了针对大学生的廉洁教育，例如，有的高校将廉洁教育的要求和精神穿插于课堂教学，或是组织开展了廉洁教育专题活动。但由于对大学生廉洁教育存在态度不端正或形式化倾向，使得已经开展或正在开展的廉洁教育缺乏一定的系统性、规范性。具体表现为：有的高校仅仅将廉洁教育作为一项活动，对廉洁教育认识不到位、重视不够、指导不足，所组织的活动没有与大学生的日常生活相结合，使得廉洁教育针对性较弱，缺乏与学生之间的互动；有的高校将廉洁教育当成一种"任务"来完成，应付差事，草草了事，重形式轻实效，廉洁教育工作始终很被动，使廉洁教育流于形式，出现"说时重要、做时次要、忙时不要"的错误倾向。同时，很多大学生作为廉洁教育活动的参与者，也存在应付差事的现象，仅仅将廉洁教育当成一种活动，而没有理解其深刻的意义。对廉洁教育的态度不端正导致廉洁教育工作变成了一件徒劳的事情，这样不仅浪费资源和成本，还使工作陷入了从属被动的状态，廉洁教育缺乏主动性和创造性，造成其成效一般，甚至在一定程度上背离了教育部《关于在大中小学全面开展廉洁教育的意见》文件精神。

三、高校廉洁文化理论教育形式陈旧单一

缺乏主动性和创造性是很多高校在大学生廉洁教育上的通病。由于部分高校对廉洁教育认识不到位、态度不端正，对廉洁教育没有进行有效研究和科学规划，这就导致很多高校的廉洁教育形式依然比较陈旧，没有有效性突破，理论教育形式仍然单一老套，主要表现为：

一是绝大多数高校把思想政治理论课作为大学生廉洁教育的载体，将廉洁教育思想贯穿于思政课中，将廉洁教育任务完全推到思政课教师身上。然而，受廉洁教育的课时数、教室空间、教师备课资源和教师自身能力水平差异等条件的限制，通常只能采用传统形式的课堂说教，往往无法开展一些形式多样、内容充实的活动。课堂说教的内容主要依托教材，也往往带有一定的滞后性，在当今信息爆炸的时代无法对大学生形成一定的吸引力和感染力。仅有的廉洁教育也存在着形式单一、内容枯燥的问题，不能从思想上、行动上引发大学生群体的共鸣，导致课堂效果不佳，教学成效不明显。

二是一些高校在组织廉洁教育活动时，一般采用贴标语、拉横幅、发放宣传册、宣传栏张贴海报等既呆板又缺乏生动性的方式，这样使得传统的理论教育方式在"互联网+"时代只能是流于形式，不能起到吸引人眼球的作用，不能引起大学生的关注及思考，其教育意义更不知从何谈起。通过以上这种单一枯燥、缺乏创新性的形式，看似进行了廉洁教育却没有收到实效，不仅没有使廉洁教育的效果凸显出来，反而容易引起大学生对廉洁教育的逆反心理。因此，应该对这种陈旧的形式进行改进和创新，只有这样才能达到全面开展廉洁教育的真正目的。

四、高校廉洁教育实践手段缺乏创新性

虽然廉洁教育实践机会较少，但仍有一些高校在其社会实践中加入了廉洁教育的内容，开展了一些廉洁教育方面的实践活动。然而在其实践的内容和形式上同样存在程式化和教条化的问题。一方面，在其实践内容上，主要表现为：一是宣传内容空洞枯燥，不贴近实际，大多数是大学生走进农村、社区、公共场所对党和国家的反腐倡廉工作和政治生态建设等思想精神进行宣传，所宣传的内容几乎均为国家顶层设计的东西，这样的宣传难以吸引人，难以激发社会人员的参与热情，实践成效不大；二是实践内容缺乏主题特色，泛泛而谈的理论宣讲往往无法突出主题，面面俱到却使宣传的内容变得肤浅，所宣示的理论意义和深度不够；三是实践内容缺乏针对性，缺乏针对某一话题或某一区域、群体所具有的突出问题进行分析和研究，不能利用廉洁教育的理论知识有效解决一些实际中的问题，使廉洁教育理论显得空洞而没有实效。另一方面，在其实践形式上主要表现为形式缺乏多样性，通常以理论宣讲或社团活动为主，实践形式缺少创新，较为陈旧单一，不能提高学生的积极性和创造力，不能激发学生对廉洁理论的钻研热情。为此，廉洁教育要有具体的内容和多样的形式，否则会陷入一种恶性循环，不仅浪费成本，还无法达到预期目标。

五、高校学生廉洁教育的成效有待提高

廉洁教育在高校开展已有多年，多种不同的廉洁教育形式得到了尝试和应用，也取得了一定的成效，但仍存在一些问题致使廉洁教育的成效有待提高。

一方面，高校学生廉洁教育正面教育效果不明显。大学阶段就应着力于理想信念的教育，把古往今来国内外反腐倡廉理论和实践作为廉洁教育的题材，如廉洁信念教育、廉洁德行教育、廉洁法制教育和廉洁从业教育。而现在，在对高校学生进行法制、纪律等方面的教育时，一些教师通常会选取大量的反面典型案例来教育学生，希望通过反面典型来对学生加以劝诫，这种方式会对一些学生产生警示作用，但同时如果教师没有及时引导，再加上学生的好奇心理作祟，也会使一些学生对反

面案例中的不良行为进行效仿。对于这部分学生，这样的反面事例不但没有产生警示作用，而且还产生了事与愿违的效果。另外，一些学生主管部门和教师在选取廉洁教育的内容题材时会侧重在领导讲话和文件精神上，选取的廉洁教育内容距离学生较远，不够贴近学生生活，过于官方而忽视了学生的接受能力和生活实际，最终导致廉洁教育的效果就是喊口号、说大话，缺乏实效性，对学生正面教育效果不明显，而教育部《关于在大中小学全面开展廉洁教育的意见》中明确要求廉洁教育要结合学生的身心特点、思想实际和认知规律，以差异化的教育方法，使廉洁教育靠近现实情况、紧贴日常生活、深入学生内心。由此可见，缺乏积极正确的引导会使青年学生误入歧途，远离学生的教育形式既不科学又与国家相关文件精神相背离，都是不可取的。

另一方面，多元文化的消极影响。伴随多元文化的发展和信息时代的到来，大学教育越来越趋向于多元化和开放化。高校校园并非与世隔绝，高校学生与社会的互动和交流也越来越多，这就使得社会上一些贪腐现象和一些不良习气对大学生的身心产生强烈冲击，会弱化他们的廉洁信念，削弱他们的廉洁认识、歪曲他们的价值取向，甚至还会使一些大学生盲目效仿腐败行为，对腐败行为和污浊的社会风气产生认同，幻想过上奢靡的生活，贪图享乐，崇拜权势，进而在学校生活学习中做出走后门、拉关系的不光彩行为，尤其是在考试、入党推优、竞选学生干部、评奖评优中，把时间和精力花费在"打理"人际关系、伪造资料上，而不是努力提高自身素质。

▶ 案例20

多名毕业研究生被追回国家助学金

据山西师范大学网站2022年5月18日通报，山西师大已追回多名2021届及2020届毕业研究生在学期间所享受的研究生国家助学金并上缴国库。通报称，在2021年11月审计署太原特派办对山西省截至2021年底财政资金直达机制运行情况、学生资助补助经费分配使用情况进行审计中发现，山西师范大学生命学院生态学专业2021届毕业研究生刘某、生命学院生态学专业2020届毕业研究生马某提供虚假信息享受研究生国家助学金，体育学院体育教学专业2020届毕业研究生李某某、体育学院体育学专业2020届毕业研究生许某、文学院中国语言文学专业2020届毕业研究生孟某某、戏剧与影视学院戏剧与影视学专业2020届毕业研究生任某某在享受研究生国家助学金的同时享受国家财政供养，学校已追回他们在学期间所享受的全部研究生国家助学金并上缴国库。

——山西师范大学官网

高校在着力加强大学生廉洁教育的同时，也会受到社会上频繁出现的贪腐现象的冲击，可能使廉洁教育的影响力和感染力在学生中受到质疑，严重影响廉洁教育的实际成效。与此同时，由于青年学生的心智还不是特别成熟，极易对他人的行为产生模仿，例如有少部分的学生通过一些不廉洁的行为蒙混过关，这样的"捷径"极易造成其他学生的跟风模仿。另外，来自家庭的错误价值观和教育观也会对廉洁教育产生负面影响。教育家阿贝·鲍梅尔说："教育的关键不在于家中藏书多少，家长掌握知识多少，最重要的是家长对学习和生活所持的态度。"父母是孩子的首任老师，父母的教育对孩子的一生都将产生深刻的影响，例如有些家长认为教育的最终目的就是追求功名利禄、光宗耀祖，完全淡化了对孩子进行理想、信念、道德和价值观念等方面的教育；有些家长价值观存在问题，总认为当今社会是"关系社会""人情社会"，凡事都得靠关系，有关系好办事，在请客吃饭、送礼、托关系、走后门上为孩子做出了"示范"，家长的这种错误观念对青年学生产生负面影响，这也是造成廉洁意识和素养在大学生中缺乏的主要原因之一。如此，久而久之，积重难返，高校学生不免对廉洁教育产生抵触、反感、满不在乎的态度，间接地使廉洁教育的效果受到影响。

第二节 影响高校学生廉洁修身教育的主要因素

马克思主义唯物辩证法认为，事物的变化发展是内因和外因共同起作用的结果，外因是变化的条件，内因是变化的依据。大学生廉洁教育是一项长期的、复杂的系统工程，影响其发展的因素是多方面的，既包括大学生自身的内在因素，又包括高校、社会、家庭等外在因素。因此，在分析大学生廉洁教育存在不足时，应分别从大学生自身、高校、社会和家庭四方面入手。

一、自身层面：高校学生自身认知存在偏差

"认知是行动的先导，没有正确的廉洁认识，就无法形成良好的廉洁行为习惯。"大学生廉洁自律品质的形成是一个将廉洁认知从外化到内化，将"他律"转化为"自律"的过程。大学生是否能养成廉洁的行为习惯，在很大程度上是取决于大学生自身廉洁认知程度的高低。一方面，面对多元价值的世界，人们的价值观念和人生追求日趋多样化，各种腐朽思想文化渗透交织在一起，部分大学生受到外界影响，思想出现了偏差，主体意识偏向个人本位，更多地关注自己的利弊、得失，享乐主义、拜金主义、功利主义和极端个人主义等消极的价值观不断滋长，使他们原有的纯洁道德受到冲击，卷入非理性的、世俗的物欲横流之中，由对个人道德修养的注意转向器物之欲，使他们认为价值观念是相对的，认为绝对的真理是不存在的，从而产生对廉洁价值理念抵触的消极情绪。另一方面，大学阶段是大学生由青春期向成年期过渡的重要时期，在这个阶段，大学生的心理尚不成熟，处于浮动状态，少数大学生自身缺乏廉洁素养，自我培养意识淡薄，廉洁意愿不强，积极主动性不够，没能形成对事物客观正确的辨别力，对社会上的消极腐败现象是非莫辨，对社会上某些哗众取宠的人盲信盲从，在义和利面前往往站在利的一边，这种自私自利的思想和行为严重偏离了大学生廉洁教育的目标和要求，从而造成一些校园不廉洁现象的蔓延滋长。一些大学生廉洁意识淡薄，廉洁意志薄弱，主要表现在：在学习方面，一些大学生对消极腐败没有形成正确认识，甚至还存在着羡腐的思想，出现了混学分、等毕业、找人替课、逃课、考试舞弊等不廉洁现象；在生活方面，一些大学生在上大学前在家里过着娇生惯养的日子，独立生活能力较差，生活铺张浪费，进入大学之后仍没能转变观念，生活奢侈、盲目消费、"面子"消费等不廉洁生活方式仍在延续；还有一些学生干部受社会上的不良风气影响，背离了为集体、同学服务的准则，滥用手中的"权力"捞取好处，走后门、拉关系，甚至有的还擅自挪用公费，严重地影响了学生干部队伍在广大学生心目中的形象。

二、高校层面：廉洁教育不够深入

高校是培养人、塑造人的重要场所，不仅要向大学生传授专业知识，更要注重培养学生形成良好的道德品质。大学生廉洁价值观念的形成离不开高校的廉洁教育实践活动的开展。虽然自 2007 年教育部颁布《关于在大中小学全面开展廉洁教育的意见》决定在大中小学全面开展廉洁教育以来，大学生廉洁教育已发生由认识向实践迈进的积极转变，取得一定的积极成效。但高校对廉洁教育工作不够深入、持久依然是制约大学生廉洁教育效果的重要问题。一是缺乏专门针对大学生廉洁教育的课程。当前，不少高校在"思想道德与法治""毛泽东思想和中国特色社会主义理论体系概论""形势与政策"等课程对廉洁教育均有所涉及，有的教师亦把廉洁教育作为一个专题去讲，有的则融入相关的课程内容中，通过课堂主渠道传播廉洁价值观念。然而，专门开设比较系统、全面的《大学生廉洁教育》课程的高校还不够多，如果仅是简单地依靠一两个专题教育或相关学科的渗透教育，而缺乏相对系统的廉洁教育，那么课堂教学的重要作用将难以得到充分发挥，大学生廉洁教育也将难以达到理想效果。二是缺乏廉洁教育活动的长效机制。除课堂教学外，课后的廉洁教育活动是提升大学生廉洁素养的重要途径。当前，高校课后开展的廉洁教育多以阶段性活动为主，存在时间不固定、活动形式老套等现象，还有一些高校尚未建立可操作的廉洁教育考核评价体系，未把廉洁教育纳入到单位工作的考核中。三是缺乏有效利用网络载体。不少大学都有通过设置廉洁文化长廊、党风廉政宣传橱窗、张贴廉洁名言警句等方式宣传廉洁文化，但是专门通过微博、微信等新媒体传播廉洁思想的还比较少。

三、社会层面：社会不良风气的负面效应

马克思曾说："人创造环境，同样环境也创造人。"良好的道德品质形成和发展不仅会受一定的物质生活条件制约，还会受到社会环境的影响。廉洁的道德品质同样会受到社会环境的制约和影响。良好的社会环境是培养大学生廉洁品质的重要条件，而各种低级趣味、歪风邪气则会对大学生廉洁品质形成产生消极影响。当

前，我国社会正处于全面变革期，新旧体制交替转换，各方利益格局大调整，道德观念呈现出多元化态势，种种不良风气沉渣泛起，它们毒化了社会环境，腐蚀着人们的灵魂，对青年大学生的影响尤为深刻。加之，随着改革开放的深入，社会主义市场经济的快速发展，我国的经济取得了举世瞩目的成就，人们的物质生活水平得到了极大提高和改善。

经济发展在带来物质丰富和科技进步的同时，还带来了一些不正之风。在部分人的眼中，利益、关系、权力，甚至友情、爱情和亲情都可以通过金钱交易的方式获得，认为利益至上、金钱是万能这种观念是正常的。社会上存在"灯红酒绿""一切向钱看""权钱交易""攀比斗富"等歪风邪气。在这样的环境之下，人们的思想道德观念也逐渐发生了变化，清廉正直成为死板木讷的代名词，唯利是图、能捞能贪的人反倒被推崇为有能耐，这样的道德准则和不良风气对大学生思想进行渗透，产生负面影响，大学生正处于世界观、人生观、价值观变换和不断完善的关键阶段，其思想意志缺乏坚定性和稳定性，加之社会上一些贪污腐败现象、羡腐慕腐不正之风的影响，使他们很容易萌生消极腐败的思想观念，容易受到社会不良风气的侵袭和错误社会思潮的影响。

四、家庭层面：家庭对廉洁教育不够重视

家庭是孩子的教育摇篮，家庭教育对人的影响是终身的，尤其在心理素质培养、人格品质养成方面，它的影响力是学校及社会教育无法相比的，可以说，良好的家庭教育是人良好思想品德形成的基础。良好的家庭教育可以减少和抵制不良风气对大学生的影响，使他们从小就养成俭朴立身、廉洁修身的习惯，然而不好的家庭教育则会起到相反的作用，严重的甚至还会使得大学生走上腐败堕落的邪路。在现实当中，仍有一些家庭对廉洁教育缺乏足够重视，一些家长对子女的教育重智育轻德育，只教育子女专心致志学习，努力取得好成绩，争取考上好大学，而对于如何做人、怎样做事、怎样富有廉耻心和责任感则不管不问。这就使得很多学生为了应对家长"智力第一"的要求，形成抄作业、考试作弊、撒谎等不廉洁的行为习惯，进而逐步养成任性、自私自利、缺乏礼貌和诚信的不良品格；一些家长奉行"人不为己，天诛地灭"的人生信条，生怕子女吃亏受罪，教育子女"忠厚老实会

吃亏，投机取巧才是聪明"，使子女认为诚信、廉洁等于愚笨，进而在社会生活中不相信任何人、斤斤计较、唯利是图；一些家庭成员及亲朋好友大肆宣扬偷税、说谎、行贿受贿、损人利己等缺乏诚信的不良言行，家长不给予制止，反而持赞成态度，这直接影响着子女廉洁价值观念的形成；有些家长教育方法简单，不能从观念上做到家庭民主，而是沿用"棍棒底下出孝子"的旧观念，对子女的教育采取居高临下的方式，缺乏交流互动，与子女关系对立；甚至还有些家长对市场经济和未来社会竞争认识偏颇，对子女好斗逞强、贪占便宜、说假话等不良行为，不以为耻，反以为荣，认为这样长大才能在社会上吃得开，故而对孩子纵容、鼓励，长此以往，就助长了子女不正当思想意识的形成。

第三节　新时代高校学生的廉洁要求

新时代高校学生廉洁教育的目标是新时代高校学生廉洁教育开展的目的和价值取向，是廉洁教育的出发点和归宿。2007年教育部颁布的《关于在大中小学全面开展廉洁教育的意见》中指出："廉洁教育的目标是引导大学生树立报效祖国、服务人民的信念，不断提高大学生的道德自律意识，增强拒腐防变的良好心理品质，逐步形成廉洁自律、爱岗敬业的职业观念。"这就对高校学生廉洁教育提出了总体的目标要求，但是，在高校开展学生廉洁教育，还有一些更为具体的目标，主要体现在以下几方面。

一、增强廉洁认知

认识是行动的先导，加强大学生廉洁教育，最终是要落脚到形成坚定的廉洁观念、积极践行廉洁行为上，而增强廉洁认知，是开展廉洁教育的基础和前提。新时代高校学生廉洁教育要达到增强廉洁认知的目的，至少应当完成以下三个层面的具体目标。

第一，正确认识腐败的产生和危害。通过学习相关理论，了解腐败产生的历史和社会背景，认识到腐败客观存在的原因，明确腐败不是我国独有的问题，而是任何一个国家都不可回避的，同时更要认识到我国在人民民主专政的政体下，在解决腐败问题上所具有的制度优势。通过学习党和国家有关党风廉政建设、反腐败倡廉方面的政策、法规，全面了解腐败的危害以及党和国家反腐的决心和信心。

第二，正确认识多元复杂价值观的社会环境下廉洁的价值取向。随着改革开放的不断深化，信息网络化更加普及，新时代高校学生比之前任何时代的学生都更容易受到多元价值观的冲击，加上西方敌对国家从来也没有放弃过对我国的造谣和诋毁，并不断将他们腐朽价值观和享乐文化通过各种形式传递过来。在这种复杂的环境下，帮助高校学生理性认识腐败的危害，树立正确的价值观，充分认识廉洁的重要性和必要性显得尤为重要。

第三，自觉抵御腐败，增强廉洁认知。只有全面认识腐败，增强反腐的信心，不断提升自身思想道德素质，树立正确的价值观取向，才能够自觉抵制腐败，逐步形成并不断强化廉洁认知，从而铸就廉洁诚信品格。

二、提升廉洁认同

认同是建立在认知的基础上的更深层次的理解，也是确保践行行为更为稳定的因素。情感认同指的是"人对待事物的肯定与否定，满意与不满意，享受与厌恶等态度的心理体验"。情感认同具有两个特征："一是满足情感需要，即能够满足主体某方面的需求；二是动力推动作用，即对认知和行为的促动作用。"情感认同也是一种价值选择，而提升高校学生廉洁认同是在全面了解腐败、认识廉洁的基础上，将廉洁内化为学生的道德诉求，成为学生认同的情感需要，同时也对他们行为产生催化，促进他们自觉践行廉洁行为，使他们在面临选择的时候能够按照廉洁教育的要求做出正确的行为，从而确保廉洁行为的稳定。

新时代的高校学生思维活跃、个性张扬，如果不能让他们对廉洁产生认同，从而形成更为自觉的信念，就难以在后续生活和工作中让他们坚定践行廉洁行为。习近平总书记指出："青少年阶段是人生的'拔节孕穗期'，最需要精心引导和栽培。"高校学生正处于身心发展的关键时期，也是提升廉洁认同的最好时期。加强新时代高校学生廉洁教育，帮助学生树立坚定的理想信念，具体包括：通过腐败人物和事件的警示教育，引导他们认识腐败的危害；通过优秀典型人物事迹的感染，引导他们增强廉洁意识；通过新媒体技术手段的积极运用，将廉洁知识在微信、论坛、微博等平台进行展示。总之，要根据新时代高校学生的特点，运用多种方法对其进行教育引导，动之以情、晓之以理，逐渐帮助他们将廉洁内化为内在信念，自觉抵御腐败，提升廉洁认同。

三、树立廉洁观念

树立廉洁观念，实际上是帮助高校学生形成廉洁的价值观。价值观是人对周围的客观事物的意义、重要性的总评价和总看法，表现为价值取向、价值追求或价值尺度和准则，是人们判断事物有无价值及价值大小、是光荣还是可耻的评价标准。价值观一旦形成和确立，就会具有相对稳定性和持久性，因此，帮助高校学生树立廉洁的价值观成为他们践行廉洁行为的一个关键环节。价值观具有历史性和选择性，也就是说，价值观会受到家庭、社会、朋友、师长等多种因素的影响。在当前社会，仍然存在着美与丑、廉与贪、正与邪的价值观较量，畸形的价值观会混淆廉洁与腐败的分界线，混乱社会评判标准。正如《人民日报》曾有人撰文指出："最可怕的腐败，正是社会价值观的腐蚀堕落。正风反腐进行到今天的地步，不仅事关政治生态的净化，更是一场价值观的较量。"加强高校学生廉洁教育，增强他们反腐败的定力和意志，强化廉洁意识，以理想信念增强定力，逐步帮助他们形成"以廉为荣、以贪为耻"的廉洁价值观，使得高校学生将廉洁的价值观念从自发提升到自觉、从心理水平提升到观念水平，从而树立正确的思维方法，增强对廉洁与腐败的价值判断与选择能力，最终使高校学生在个人欲望与廉洁之间产生冲突矛盾时，不仅能够做出正确选择，更能自觉践行廉洁行为，按照廉洁的要求约束和规范自己的行为，自觉拒腐防变，避免走向犯罪的深渊。

四、践行廉洁行为

开展高校学生廉洁教育，最终要落实到学生的"行"上，增强廉洁认知、提升廉洁认同、树立廉洁观念，最终能够践行廉洁行为。所谓廉洁行为，指的是在行使公共权力时，能够不偏不倚、不贪不腐、公正廉洁。

就高校学生而言，他们践行廉洁行为应当要涵盖两个阶段：一是在求学期间，能够在生活、学习、学生社团等活动和工作中坚持廉洁，具体包括：诚信考试，学术诚信，杜绝学生活动中的"微腐败"，避免在入党、评优评先、保研等方面出现"走关系"等；二是在走上工作岗位后，能够坚持廉洁从业、廉洁做事，仍能够确保不以权谋私、不弄虚作假、不搞"权钱交易"等。

此外，高校学生践行廉洁行为的要求也应该包括两个层面：一是自己坚持廉洁，能够廉洁自律、不贪不腐；二是能够在坚持底线的基础上，旗帜鲜明地与腐败行为做斗争。清正廉洁不是与生俱来的高尚品格，是靠后天不断地去学习、去实践、去积累而渐渐养成的优良品格，要善于从点滴的积累中实现廉洁修养的提升，要心怀廉洁之心，从小廉做起，从小节着手，将廉洁的思想真正贯穿于日常生活的每个细节之中，实现以小廉促大廉、以小节成大义。为此，高校学生要能够做到"不以恶小而为之""不以廉小而不为"，能够坚持在细微处严格要求自己，时时慎始，事事慎微。特别是在从业后，更应该具有"不以名利失大义"的精神，在工作中能够做到不追名逐利、不爱慕虚荣、不迷恋金钱美色、不贪图安逸享受，自觉践行廉洁行为。

总体而言，通过开展廉洁教育，最终要实现高校学生言行一致、知行统一，自觉践行良好的廉洁行为规范，自觉参与反腐败斗争的教育目标。

第四节　廉洁自律从我做起

每一个人都拥有自我发展的潜力，可以通过加强自我修养，自觉地努力和实践，不断完善自我的人格，形成良好的道德品质，达到人生的理想境界。对于大学生廉洁品质的形成来说，其不但需要学校、社会、家庭等外在力量的支持，而且更需要学生个人的内在努力。

一、牢固树立正确的廉洁观念

廉洁观念是高校学生在接受廉洁教育的过程中，应自觉树立的清正廉洁、修身自律、公道正派、勤俭节约、诚实守信的思想意识。牢固树立正确的廉洁观念，其本质在于对人生的社会价值的承认和遵循，是对自己、对他人多元价值关系的协调和统合。这就要求学生从思想上认识到廉洁对个人和社会发展的重要意义，并自觉内化为廉洁修身的要求，把廉洁价值观念作为个人言行的指导思想。进而，坚持人生自我价值与社会价值的统一，把自我价值融于社会价值之中，最终在实现社会价值的过程中实现自我价值。

高校学生树立廉洁观念来源于两个方面的需要：第一，推动反腐败斗争工作和建设风清气正社会的需要。党的十八大报告提出要"建设廉洁政治"，这充分彰显了我们党的反腐倡廉决心，党的十九大提出要"夺取反腐败斗争压倒性胜利"，这是新时代背景下的反腐败斗争的终极目标。国家的反腐倡廉形势变化对高校学生廉洁教育提出更高要求的同时，也促使学生自觉地加强自我廉洁意识。高校学生要将社会的廉洁要求转变为个人发展的需求，内化为个人的情感和意志，将外在要求转化为自身内在的道德观念，成为支配自己活动的价值准则，才能让自己主动、积极地去践行廉洁行为。第二，学生个人发展的需要。高校学生廉洁观念的培养不能仅仅依靠外部力量的作用。因为只是依靠外部环境和外力的作用，高校学生的廉洁意识是难以进一步内化的。只有唤醒高校学生的自觉意识，不断自觉地加强个人廉洁修养，使他们的主观能动性得到充分发挥，才有可能进一步强化他们的廉洁意识，提升他们的廉洁素质。因此，高校学生要自觉树立廉洁观念，不断完善自己的人格，努力提升思想境界，使自己成为德才兼备的社会主义合格建设者和可靠接班人。

二、形成良好廉洁品质

人的道德品质的形成，是一个从认知、情感、意志转化为行为的综合过程。人的廉洁品质包含着廉洁认知、廉洁情感、廉洁意志、廉洁行为等多方面的心理内容。人的廉洁品质既非与生俱来，也非外在因素的客观作用的结果，而是人在教育实践活动中知、情、意、行因素相互作用的产物。高校学生只有先接受廉洁知识和文化的熏陶，才有可能树立正确的廉洁观念，才可能对现实中的消极腐败、腐化堕落行为有正确的认知，才能对腐败现象产生抵触及憎恶情感，才会在廉洁情感的激励下去践行廉洁行为，才会抵御各种不廉洁行为和贪污腐化的冲击，进而不断强化自觉把廉洁行为坚持下去的廉洁意志，反过来，再由连续不断的廉洁行为固化廉洁认知。

经过这样不断往复的过程，廉洁认知、廉洁情感、廉洁意志和廉洁行为才可能凝结成良好的廉洁品质。可见，只有知、情、意、行统一才能促使廉洁品质的形成，如果廉洁品质的知、情、意、行中的某一环节出现了问题，就有可能产生知行脱节、言行不一的现象，偏离廉洁品质的内在要求，严重的还会导致错误行为的发生。因此，高校学生要把锤炼良好的廉洁品质作为个人成长成才的重要内容，用廉洁价值观念充实个人的心灵世界，自觉提升个人廉洁道德修养，坚持崇廉洁、尚节俭、重品行的价值取向，常思贪欲之害，常怀律己之心，强化抵御消极腐败的第一道心理防线。

三、养成廉洁行为习惯

俄国教育家乌申斯基说过："良好的习惯乃是人在其神经系统中所存放的道德资本；这个资本不断地在增值，而人在其整个一生中就享受着它的利息。"良好的行为习惯是促进一个人健康成长的重要条件，是人的完善品格和良好品质形成的基础。廉洁品质是人的廉洁行为长期自觉积累的内在结果和综合表现，廉洁行为习惯的养成也是如此，它不仅需要高校学生对廉洁道德理念有较为深刻的认识，还需要他们在慎独慎思中自我提高，更需要他们在形式多样的道德实践中自觉强化。人的廉洁行为，只有经常反复地践行，经受各种考验，并逐渐养成习惯，才可能积淀为一个人的内在属性。高校学生仅有正确的廉洁认知，显然还是不够的，毕竟廉洁认知仅仅是停留在理论层面上的认识。正所谓"知而不行非真知"，养成廉洁行为习惯，需要将廉洁认识与廉洁实践统一起来，把廉洁认知内化为人的高洁品质，外化为人的行为习惯。因此，高校学生要在进入社会之前，通过不断的道德实践，把在廉洁教育中领会到的廉洁思想转化为自身的廉洁行为，在现实中做到知行统一，自觉遵守校纪校规，正直做事，诚信做人，严格自律，实现由外部规约向自愿行动的转化，从他律走向自律，从而养成自觉的廉洁行为习惯。

综上所述，加强高校学生廉洁教育是面向全社会开展反腐倡廉教育的重要组成部分，是培养德才兼备的高素质人才和提高青年思想道德素质的必然要求，是构建惩治和预防腐败体系的基础工程。因此，高校学生应通过不断的践行，树立正确的廉洁观念，养成正确的廉洁品质，才能使高校学生廉洁教育逐步实现由受教育者的外部规约向内部规约的转化，从他律走向自律，从而实现主体的自我教育。只有这样，高校学生才能在复杂的环境中抵御各种诱惑，坚持正确的人生方向。

参 考 文 献

[1] 高宁.大学生廉洁文化读本[M].武汉:武汉大学出版社, 2016.

[2] 黄东升. 新时代大学生廉洁教育论纲[M].北京:光明日报出版社, 2020.

[3] 张楠, 张文杰. 大学生廉洁教育:迈向新征程[M].北京:九州出版社, 2019.

[4] 刘英侠. 新时代大学生廉洁教育研究[M]. 北京:社会科学文献出版社, 2022.

[5] 透明国际. 全球青少年廉洁教育概览[M].清华大学廉政与治理研究中心, 译. 北京:
中国方正出版社, 2007.

[6] 朱新光, 苏萍. 西方国家公民廉洁教育比较研究[M].北京:北京大学出版社, 2014.

[7] 雷青松.中国共产党廉洁政治建设研究:1949—1966年[M].哈尔滨:黑龙江人民出版
社, 2020.

[8] 梁星亮.延安时期中国共产党局部执政研究[M].西安:陕西人民出版社, 2019.

[9] 沈其新.中华廉洁文化与中国共产党先进性建设[M].长沙:湖南大学出版社, 2008.

[10] 谢春涛.人格的力量:中国共产党老一代革命家人格风范[M].济南:济南出版社,
2021.

[11] 李忠杰.中国共产党百年廉洁政治之路[M].北京:中国方正出版社, 2022.

[12] 齐卫平.论廉洁文化建设的三重意义[J].江西社会科学, 2022, 42(4):5-12.

[13] 谢晓锐, 董翼.新时代高校廉洁文化建设的实践理路[J].学校党建与思想教育,
2023(3):57-60.

[14] 任建明.腐败两重危害模型与廉洁文化建设思考[J].学术界, 2022(9):193-200.

[15] 红言.加强新时代廉洁文化建设[J].红旗文稿, 2022(4):47-48.

[16] 唐凯麟.继承与弘扬中华廉洁文化的优秀遗产[J].政治学研究, 2014(2):29-34.

[17] 高晓林, 刘阳科.延安时期中国共产党廉洁形象的建构及其启示[J].中共中央党校

(国家行政学院)学报, 2023, 27(1):65-74.

[18] 邓玲.中国共产党廉洁形象建设的百年历程与基本经验[J].中共福建省委党校(福建行政学院)学报, 2021(4):63-70.

[19] 焦晓云.新时代中国共产党廉洁形象建设探析[J].思想理论教育导刊, 2021(10):26-31.

[20] 李江.中国共产党廉洁纪律建设的百年演进及经验[J].中共成都市委党校学报, 2022(4):14-23.

[21] 齐卫平.论廉洁文化建设的三重意义[J].江西社会科学, 2022(4):5-12.

[22] 齐卫平.中国共产党廉洁形象建设的思考[J].江西师范大学学报(哲学社会科学版), 2017, 50(5):6.

[23] 江必新, 戢太雷.中国共产党百年法制建设历程回顾[J].中南大学学报(社会科学版), 2021, 27(4):1-23.

[24] 代玉启, 陈宇轩.中国共产党形象建设的探索与实践[J].治理研究, 2021, 37(3):65-73.

[25] 龙钰.中国共产党形象塑造的百年历程与不懈追求[J].中州学刊, 2022, (4):15-21.

[26] 张仰亮.中国共产党早期纪律原则的形成及其实施[J].江西社会科学, 2021, 41(4):148-158.

[27] 侯欣一.中国共产党反腐败法制建设回顾及思考[J].江汉论坛, 2023(1):119-127.

[28] 张卓.新时代中国共产党廉洁文化建设的内在逻辑、功能价值与实践进路[J].延安大学学报(社会科学版), 2022, 44(5):18-24.

[29] 刘艳.新时代加强中国共产党政治价值观建设论析[J].思想战线, 2022, 48(6):40-49.

[30] 张荣华, 梁超.论新中国成立以来党的廉洁形象建设[J].当代世界社会主义问题, 2019(3):57-66.

[31] 雷青松.中国共产党政治文化领导力的意涵与提升[J].领导科学, 2021(22):16-19.

[32] 冯红伟.新时代中国共产党反腐败斗争的方法论探析[J].党政干部学刊, 2023(2):30-36.

[33] 李庆云.中国共产党为什么要强调廉洁自律[J].红旗文稿, 2017(14):26-28.

[34] 郑善文.中国共产党廉洁文化建设研究[D].苏州:苏州大学, 2018.

[35] 高文勇.中国共产党百年廉政话语的历史经验与现实启示[D].长春:东北师范大学, 2022.